BIBELSEMINAR FÜR DIE GEMEINDE

In 2×15 Lektionen durch die ganze Bibel

Leiterheft mit Gestaltungsvorschlägen

Verfaßt von Theophil Vogt

Theologischer Verlag Zürich

TVZ

Das Bibelseminar ist im Rahmen des Instituts für Erwachsenenbildung der evangelisch-reformierten Landeskirche des Kantons Zürich entwickelt worden und von den Autoren in Gemeindegruppen erprobt worden.

Das Bibelseminar für die Gemeinde liegt in folgenden Ausgaben vor:

Teilnehmerheft
Leiterheft mit Gestaltungsvorschlägen
Materialheft mit theologischen Informationen

1. Auflage Februar 1982
2. Auflage März 1982
3. Auflage November 1982
4. Auflage Oktober 1983
5. Auflage Juli 1985
6. Auflage September 1987
(7.–8. Tausend)

CIP-Kurztitelaufnahme der Deutschen Bibliothek
Bibelseminar für die Gemeinde:
in 2 × 15 Lektionen durch d. ganze Bibel. –
Zürich: Theologischer Verlag
Leiterheft mit Gestaltungsvorschlägen /
verf. von Theophil Vogt. – 6. Aufl. – 1987
ISBN 3-290-11499-6
NE: Vogt, Theophil [Mitverf.]

INHALTSVERZEICHNIS

NEUES TESTAMENT

1 Die Entstehung der Evangelien
2 Das Markusevangelium
3 Das Matthäusevangelium
4 Das Lukasevangelium
5 Das Johannesevangelium
6 Apostelgeschichte Kapitel 1-12
7 Apostelgeschichte Kapitel 13-28
8 Thessalonicherbriefe und Galaterbrief
9 Der erste und zweite Korintherbrief
10 Der Römerbrief
11 Philipper-, Philemon-, Kolosser-, Epheserbrief
12 Briefe an Timotheus und Titus, Hebräerbrief
13 Jakobus-, Judasbrief, Petrus-, Johannesbriefe
14 Die Offenbarung des Johannes
15 Die Vielstimmigkeit des neutestamentlichen Christuszeugnisses

VORWORT

Die Entwicklung und Erprobung des Bibelseminars war ein Erlebnis in doppelter Hinsicht. In einem ungewöhnlich schönen gemeinsamen Denk- und Arbeitsprozess ist in unserem fünfköpfigen Pfarrerteam - zusammen mit Harold Bertschinger, Oswald Eggenberger, Ernst Lienhard und Hans Peter Veraguth - das Konzept des Seminars entstanden, sind schrittweise die Lektionsunterlagen verfasst und auch die hier vorliegenden Gestaltungsvorschläge diskutiert worden. Ich möchte allem voran sagen, wie dankbar ich für diese einzigartige Zusammenarbeit bin, die eine anspruchsvolle Aufgabe faktisch bewältigen liess. Dies wäre freilich nicht denkbar gewesen ohne die zweite Erfahrung: die Möglichkeit nämlich, das Seminarkonzept in unsern jeweiligen Gemeindegruppen zugleich praktisch zu erproben. Auch hierin war uns die Gemeinsamkeit wichtig, waren doch unsere Teilnehmergruppen je nach Gemeinde in ihrer Zusammensetzung recht unterschiedlich strukturiert. Dies gab uns den nötigen Realbezug und liess uns bisweilen auch die Grenzen unseres Vorhabens erkennen. Insgesamt aber hat sich das Konzept bewährt. Anfänglich gehegte Befürchtungen haben sich zerstreut. Die Seminarteilnehmer sind mit einer Freude und Ausdauer ans Werk gegangen, die auch uns Leiter beflügelt und uns vor allem angeregt haben, die Verarbeitungsphase in der Gruppe immer wieder anders zu gestalten.

Aus dieser praktischen Kurserfahrung sind die hier vorgelegten Gestaltungsvorschläge herausgewachsen. Sie begleiten als Leiterheft die 2 x 15 Lektionen des Teilnehmerhefts und sind für die Hand des Seminarleiters gedacht. Als Benützer stellen wir uns in erster Linie den Gemeindepfarrer vor, der in seiner Gemeinde eine Bibelseminar-Gruppe (Bibelgruppe, Hauskreis, Sonntagsschulhelferkreis usw.) leitet, allenfalls gemeindeübergreifend zusammen mit einem Kollegen und womöglich in Verbindung mit nichttheologischen Mitarbeitern, und nach Wegen der praktischen Durchführung sucht. Ihm, ev. auch dem Religionslehrer, kann das Leiterheft Anregung bieten. Gewiss, jeder wird und will die Verarbeitung am Seminarabend auf seine Weise gestalten. Der eine hat nicht so viel Zeit zur Verfügung, wie wir hier voraussetzen; dem andern sind einzelne Methoden weniger vertraut und weniger lieb. Dennoch kann es nützlich sein, einen Gestaltungsvorschlag detailliert vorgestellt zu bekommen und daneben zwei, drei weitere Durchführungsvarianten diskutiert zu sehen. Möglicherweise wird dem Leiter erst anhand einer konkreten Verlaufsskizze klar, weshalb er einen bestimmten Lernschritt übernehmen, dagegen einen andern weglassen oder verändern will. In diesem kreativen Sinn möchte das Leiterheft Arbeitshilfe sein: Erleichterung bei der Vorbereitung und zugleich Anregung zu eigenständigem Gestalten.

Der Leser findet im Leiterheft vieles von dem vor, was uns bei der Durchführung in unsern Seminargruppen hilfreich gewesen ist; in dem Sinn ist das meiste praktisch erprobt worden. Naturgemäss sind die Gestaltungsvorschläge, die ich im folgenden zusammenstelle, stark von der eigenen Kurserfahrung bestimmt. Im Zürcher Institut für Erwachsenenbildung haben wir vom Frühjahr 1979 bis Sommer 1980 an 2 x 15 Abenden unser erstes Bibelseminar durchgeführt. Dabei verdanke ich meinem Kollegen vom Institut, Peter Siber, mit dem ich mich in die Leitungsaufgabe geteilt habe, für die Gestaltung viel Anregung. Es war unser Ziel, die Teilnehmer im Sinn der Erwachsenenbildung am Prozess der Stoffverarbeitung möglichst vielfältig und aktiv zu beteiligen. Der ausgeführte Lektionsvorschlag entspricht oft dem Weg, den wir in dieser Zürcher Seminargruppe versucht haben. Da das Bibelseminar im kognitiven Bereich hohe Anforderungen stellt, war uns besonders wichtig, immer auch mit Methoden zu arbeiten, die die emotionalen und kreativen Seiten des Teilnehmers ansprechen.

Wie wir selber erfahren haben, ist unter der Anforderung des heutigen Pfarramts die Durchführung eines Bibelseminars nur dann möglich, wenn der Leiter die Vorbereitungsarbeit in vertretbaren Grenzen halten kann. Hiezu wollen unsere Unterlagen, die sowohl im Teilnehmerheft wie im Leiterheft als direkt verwendbares Gebrauchsmaterial gedacht sind, praktische Hilfe leisten. Aufgrund unserer Erfahrung sollte es genügen, wenn der Leiter als Vorbereitungszeit pro Seminarabend 4-5 Arbeitsstunden einsetzt. Dies wird dem Zeitaufwand entsprechen, den er vom Teilnehmer erwartet. In unsern Gestaltungsvorschlägen verstehen wir den Leiter bewusst nie als Referenten oder gar Fachdozenten, sondern ganz einfach als Vermittler von biblisch-theologischer Information, wie er dies auch in seiner Rolle als Prediger und Katechet ständig ist. Das ist denn auch der Wunsch, mit dem wir das Leiterheft zu seinem Leser und Benützer begleiten: es möge ihm nicht nur neue Türen zur Bibel öffnen, sondern sich auch auf andere kirchliche Arbeitsfelder fruchtbar auswirken.

Das Bibelseminar ist ein Experiment. Wir stehen am Anfang unserer Erfahrungen. Materialien eines neuen Versuchs herauszugeben, kann guten Gewissens nur dann verantwortet werden, wenn wir damit rechnen dürfen, dass eigenständig und phantasiereich mit ihnen gearbeitet und dadurch Neues gelernt wird. In dem Sinn bitten wir die Benützer unserer Handreichung, uns womöglich wissen zu lassen, ob und wie sie mit dem Bibelseminar haben arbeiten können, was sich bewährt hat, was verändert und verbessert werden muss. Denn das wissen wir wahrhaftig noch nicht, wie wir mit heutigen Menschen den Weg durch die ganze Bibel finden können. Dass wir den Mut zum Ganzen der biblischen Botschaft neu gewinnen müssen und sich jeder Versuch in dieser Hinsicht lohnt, davon sind wir überzeugt.

Theophil Vogt

HINWEISE ZU DEN GESTALTUNGSVORSCHLÄGEN

1. Wir gehen davon aus, dass es hilfreicher ist, anstelle einer Fülle von Anregungen einen einzigen Gestaltungsvorschlag detailliert auszuführen. Deshalb greifen wir für jede Lektion ein uns einleuchtendes Gestaltungsbeispiel heraus und teilen es hier in der Form einer genauen Verlaufsskizze mit. In der Skizze sind alle wünschbaren Angaben aufgeführt: Die vorgesehenen Lernschritte, die anvisierten Inhalte (Was) und Methoden (Wie), die eingesetzten Hilfsmittel (Womit) und die dafür benötigte Zeit.

2. Die Verlaufsskizze ist mit Erläuterungen versehen, die die einzelnen Lernschritte beschreiben und zusätzliche Informationen vermitteln. Dabei ist in der Regel nicht, oder nur in knappstem Rahmen, an inhaltliche (z.B. theologische) Hinweise gedacht, wohl aber an eine ausführlichere Schilderung des Vorgehens.

3. Ferner werden weitere Gestaltungsmöglichkeiten notiert, die auf einen alternativen Ablauf des Abends hinweisen, oft auf einen einfacheren, gerafftere.. Dabei werden neben andersartigen Vorschlägen auch Alternativen angeboten, die vom Lektionsvorschlag nur teilweise abweichen.

4. Methodische Hinweise wollen den Leiter auf Methoden, die in der Lektion empfohlen werden, aufmerksam und mit ihnen näher vertraut machen.

5. Für die Gestaltung sind Hilfsmittel vorausgesetzt, die vermutlich leicht zu beschaffen sind: Wandtafel (Hellraumprojektor), Wandzeitung (Packpapierbogen), Vervielfältigungsapparat (Fotokopierer), Dia-Projektor.

6. Wir rechnen realistischerweise mit dem Vorhandensein eines einzigen Leiters. Aus den Gestaltungsvorschlägen ist aber leicht zu ersehen, was sich verändert, wenn mehr Mitarbeiter zur Verfügung stehen.

7. Als die wahrscheinlich häufigste Veranstaltungsform haben wir den Abend (Seminarabend, Bibelabend) vor Augen, je nach Teilnehmerschaft sind auch Vormittag oder Nachmittag möglich. Wir meinen, man müsse pro Einheit zweieinhalb Stunden einsetzen können. Bei unsern Zeitangaben ist jeweils eine Pause von 15 Minuten miteingerechnet.

8. Falls diese Zeit nicht verfügbar ist oder der Leiter mehr Spielraum gewinnen möchte, kann eine Reduktion der Lernschritte (z.B. zwei statt drei Schritte) vorgesehen werden. In seiner Arbeitsweise wird der Leiter sicher für angemessene Abwechslung sorgen und dem Teilnehmer genügend Entfaltungsmöglichkeiten einräumen müssen. Zu schnell gerät man sonst in das ermüdende Modell von Referat und Aussprache.

9. Sofern Seminargruppe und Leiter das ganze Stoffpensum nicht schaffen, kann das Bibelseminar zur Not auch verkürzt werden und den Teilnehmer in 1 x 15 Lektionen durch das Alte und Neue Testament führen. Wir schlagen für diesen Fall die folgenden Lektionen vor: AT 2, 3. 6, 8, 11, 12, 13 (= 7 Abende) und NT 2, 4, 5, 8, 9, 10, 11, 13 (= 8 Abende).

10. Die Gestaltungsvorschläge gehören als 2. Teil zum Bibelseminar. Dementsprechend ist die Bezifferung: II, 1-3; sie erleichtert die Einordnung im Ringbuch.

WICHTIGE SCHRITTE IM UMGANG MIT DEN BIBLISCHEN TEXTEN

Um es vorwegzunehmen: Ein Abend reicht ganz einfach nicht aus, um die Fülle der Anstösse und Einsichten, die ein im voraus gelesenes biblisches Buch vermittelt, auch nur annähernd zu besprechen. Diese Begrenzung wird immer neu spürbar - schmerzlich, weil man soviel Wichtiges beiseite lassen muss; aber auch beglückend, weil daran deutlich wird, wie reich die Bibel ist. Es müssen deshalb für den einzelnen Abend wenige Elemente ausgewählt werden. Dieser Umstand wirkt nicht einengend, wenn man die Gelegenheit nützt, den Aufbau der jeweiligen Lerneinheit abwechslungsreich zu gestalten und den Akzent immer wieder anders zu setzen.

Es hat sich gezeigt, dass bei der Gestaltung eines Abends vier Schritte wichtig sind, die beachtet werden müssen, wenn sie auch nicht immer augenfällig in Erscheinung treten.

1. Schritt: Vertrautwerden mit dem Stoff

Der Teilnehmer hat 15 biblische Kapitel gelesen und damit einen grossen Stoff bewältigt. Auf irgendeine Weise muss der Seminarabend diese Arbeit aufnehmen und integrieren. Wie ist es dem Leser ergangen? Wo lagen für ihn Schwierigkeiten? Was hat er beobachtet, gelernt; worüber war er ratlos, was hat ihn erfreut, was verunsichert? Beim Bibelseminar ist aber auch das wichtig: Wie hat er den Stoff in sich aufgenommen, sich eingeprägt? Sind ihm einige Haftpunkte geblieben, an denen er das Ganze aufhängen kann? In dem Zusammenhang macht heiter-unbeschwertes Kontrollieren des Lesestoffs Spass, sofern es nicht schulmeisterlich geschieht; ab und zu gar eine "Prüfung", wenn man sich dazu immer wieder etwas Neues einfallen lässt. Das Seminar soll dem Teilnehmer auf viele Arten helfen, das Lesepensum in sein Gedächtnis und sein Herz aufzunehmen.

2. Schritt: Vertiefung am Einzeltext

Gerade weil die Fülle des Stoffs so verwirrend vielfältig ist, legt es sich nahe, das Gelesene an einem womöglich knappen und begrenzten Text zu vertiefen. In der Auseinandersetzung mit dem Einzeltext kann am besten wahrgenommen werden, was das Besondere eines biblischen Buches oder einer geschichtlichen Epoche ist. Wir haben viele gute Erfahrungen mit solcher Bibelarbeit gemacht und versucht, diese immer auch verschiedenartig zu gestalten. Sofern es richtig angepackt wird, ist dies nicht einfach die Domäne des Theologen, wo er unbestritten Fachmann ist. Wir werden den Seminarteilnehmer zum Beispiel (durch von uns formulierte Fragen) anregen, den Text selber abzutasten, ihn aus der Nähe zu beobachten, dabei eigene Fragen zu stellen, ihn in die Gegenwart hineinzurücken, Unverstandenes zu formulieren und auch selber Antworten zu versuchen. Oft zeigt sich gerade bei der Arbeit am Einzeltext, dass nicht der Fachtheologe das Auslegungsmonopol hat, sondern das Gemeindeglied die Gemeindetheologie (und was anderes sind AT und NT?) mitformuliert, und es wahr ist, was Luther zugespitzt ausgedrückt hat: "Jeder Christ ein Theologe!"

3. Schritt: Gewinnung von Ueberblick und Zusammenhängen

Ein Teilnehmer hat am Schluss des Seminars seinen Eindruck so beschrieben: Jetzt sei ihm die Bibel vertraut geworden wie eine Landschaft, die Konturen habe, Täler und Hügel, weite Ebenen und steile

Felsen; und dieses Ganze sei das Faszinierende. Das ist denn auch am ehesten die dem Theologen überbundene Aufgabe: Zusammenhänge aufzuzeigen, den Blick in die weite Landschaft zu öffnen. Dies wird nicht heissen, dass jedesmal theologische Vorträge zu halten sind, noch gar, dass die Informationen allein aus Fachbüchern geschöpft werden können. Unsere bisher geübten theologischen Methoden sind ja vorherrschend analytisch, Vertiefung ins Einzelne, nicht Oeffnung ins Weite. Der Seminarleiter muss gerade hier eigene Wege suchen. Oft hilft ihm dabei die Teilnehmergruppe entscheidend. Sie ist insofern sein Partner, als manche wichtige theologische Stichworte erst im Gespräch auftauchen. Der Leiter hält mit Vorteil seine vorbereiteten Notizen soweit offen, dass er darin Neues und spontan Gefragtes aufnehmen kann. Erst recht beim Ueberblickswissen gilt: Vollständigkeit kann und darf nicht angestrebt werden. Oft genügt es, anzudeuten und schon Beobachtetes zu bestätigen und dort Akzente zu setzen, wo das Interesse des Teilnehmers besonders lebendig ist.

4. Schritt: Uebersetzung ins Leben - Brücke zum Alltag

Innerhalb des Lektionsmaterials will vor allem Blatt E diesen Bezug deutlich machen: Die Bibel soll nicht im Sinn von l'art pour l'art gelesen werden. Zielrichtung der Lektüre ist, sie hineinzustellen in den vielfältigen Alltag des Christen. Wie kommt dieses Wort auf uns zu? Wo rührt es uns an, ermutigt uns, führt uns weiter? Wo stellt es uns vor steile Felsen und scheinbar abgebrochene Pfade und zwingt uns neue Antworten auf? Was für Erfahrungen machen wir, wenn wir eines der Kernworte, z.B. von Blatt C, auswendig lernen und mit ihm durch die Woche gehen? Welche Wege tun sich vor uns auf, wenn wir versuchen, uns auf den Weg der biblischen Zeugen zu begeben? In die Ebene solchen Transfers gerät das biblische Gespräch immer wieder, da es ja engagiert und existenziell geführt wird und man die Bibeltexte nicht einfach historisch lesen kann. Oft wird diese Phase auch als bedrängend empfunden, weil sie ratlos macht, sprachlos. Und spätestens hier endet die Meinung, der Theologe könne dem Gemeindeglied Lehrer sein. Sie beide werden Partner auf einer faszinierenden Wegsuche.

Unter den mancherlei Begrenzungen, die das Bibelseminar ansichtig macht, sei eine letzte genannt: Weil es am Buch orientiert ist - an einem Lesestoff, der zunächst verstandesmässig aufgenommen werden muss -, ist das Bibelseminar in bestimmter Weise kognitiv geprägt und darf es wohl auch sein. Es ist ja gewiss eine geistige Anstrengung verlangt - eine Art "Nachalphabetisierung" (Metz) -, soll die Bibel für uns, wie das für die Väter galt, zum Lebensbegleiter werden. Im Wissen um diese Begrenzung im kognitiven Bereich haben wir bei der praktischen Durchführung darauf geachtet, alle jene Arbeitsformen zum Zug zu bringen, die andere (z.B. auch die emotionalen) Fähigkeiten des Teilnehmers ansprechen und ihn zu einer möglichst vielseitigen Mitarbeit ermuntern.

BIBELARBEIT IN DER GEMEINDE

Bibelarbeit in Gruppen steht im Zentrum kirchlicher Erwachsenenbildung und Jugendarbeit. Die gemeinsame Erarbeitung eines Textes bietet eine Fülle von Möglichkeiten, die biblische Botschaft verstehen zu lernen und für unsere Lebenswirklichkeit fruchtbar zu machen. Die von einem gesamtschweizerischen ökumenischen Arbeitskreis erarbeitete Reihe bringt praktikable Modelle, mit denen anregende und kreative Gruppenabende gestaltet werden können.

Jesus-Begegnungen

128 Seiten, kartoniert

Im vorliegenden Band werden fünf Texte vorgestellt, in denen JESUS und verschiedene seiner Zeitgenossen einander begegnen.

Wunder Jesu

190 Seiten, kartoniert

Wundergeschichten sind mit manchen Schwierigkeiten belastet. Hier findet der Leser wichtige Anstösse, um sich mit solchen Geschichten gewinnbringend auseinanderzusetzen.

Gleichnisse Jesu

246 Seiten, kartoniert

Die Gleichnisse Jesu lassen die befreiende Nähe Gottes zugänglich werden und eröffnen damit dem Menschen neue Lebensmöglichkeiten.

Psalmen

250 Seiten, kartoniert

In den Psalmen bringen Menschen ihr Leben in seinen vielfältigen Bezügen vor Gott zur Sprache. Dadurch werden Erfahrungen verdichtet, verändert, neu erschlossen. Das Buch regt dazu an, etwas davon am einzelnen Psalm zu entdecken.

Jeremia

209 Seiten, kartoniert

Das Buch gibt Hinweise zum biblischen Prophetentum und zu einem vorläufigen Verständnis des Buches Jeremia und ermutigt durch praktische Anleitungen zur Arbeit mit diesem prophetischen Buch.

Urgeschichten

268 Seiten, kartoniert

Adam und Eva, Kain, die Generation Noachs, die Turmbauer von Babel - sie alle sind für das Alte Testament nicht bestimmte Menschen der Vergangenheit, sondern Urbilder des Menschen überhaupt.

LEKTIONEN ALTES TESTAMENT

Verlaufsskizze

Dauer	Was?	Wie?	Womit?
10'	Begrüssung Vorstellung der Teilnehmer		
	1. Erfahrungen mit der Bibel und Erwartungen ans Seminar austauschen		
20'	Meine Erfahrungen mit der Bibel Meine Erwartungen an das Seminar	Partnergespräch - Wann und wie bin ich der Bibel begegnet, besonders dem AT? - Welche positiven und negativen Erfahrungen habe ich damit gemacht? - Was möchte ich im Seminar lernen?	
15'	Was ergibt sich für die Lektion und die weitere Arbeit?	Austausch im Plenum	Wandzeitung Papierbogen Filzstifte Rubriken -Pos. Erfahrungen mit dem AT -Schwierigkeiten -Erwartungen an gemeinsame Arbeit
15'		Kommentar (des Leiters) zur Wandzeitung, ev. Gespräch	
	2. Theologische Information zu den Schriften des AT vermitteln		
10'	Wie die geschichtlichen Bücher des AT entstanden und zusammengewachsen sind	Kurze Information	
10'	Stellung und Bedeutung der prophetischen und poetischen Bücher	Kurze Information	
15'	Rückfragen zu den Informationen	Plenumsgespräch	
	3. Die Information an einem biblischen Text vertiefen		
40'	Ein altes Glaubensbekenntnis Israels: 5. Mose 26,1-11 Bibelarbeit	Stille Lesung und Aussprache in Halbgruppen oder Plenum - Wie ist hier der Glaube Israels gekennzeichnet? - Wie sind die vergangenen Heilsereignisse mit der Gegenwart verknüpft?	Textblatt mit vervielfältigtem Bibeltext (ev. eingedruckten Fragen)

Erläuterungen

Zum 1. Schritt

Unser Vorschlag geht davon aus, dass die Vorstellung der Teilnehmer wenig Zeit beansprucht und man sogleich in medias res geht. Mit dem 1. Schritt nehmen wir die Gefühle ernst, die sich bei der Lektüre eingestellt haben: Die Bibel ist nicht nur positiv, sondern, durch allerhand Missverständnisse, auch negativ besetzt. Gleichzeitig schliessen wir damit an die Fragen auf Blatt E (1,3,4) an. Das Partnergespräch erlaubt es, eigene Erfahrungen auszusprechen und Fragen zu formulieren. Einiges davon wird auf die Wandzeitung geschrieben. Aufgabe des Leiters ist es, im Plenum Wichtiges zu unterstreichen, evtl. einen Kurzkommentar zu geben.

Zum 2. Schritt

Hier ist an zwei Kurzinformationen des Theologen gedacht. Sie können unterbrochen sein durch Rückfragen der Teilnehmer. Günstig ist, wenn dies nicht (schon) in einem umfassenden Bogen versucht wird, sondern möglichst plastisch und erzählend anhand der Textbeispiele von B bzw. der Grafik von C. Dabei kann zurückgegriffen werden auf das, was die Teilnehmer als Hausaufgabe (E 2) mitbringen. Wichtig ist, im Vorblick auf den 3. Schritt, die Einführung der Erkenntnis, dass Israels Glaubensantworten ihren Niederschlag in Kurzbekenntnissen gefunden haben.

Zum 3. Schritt

Wenn zwei Leiter zur Verfügung stehen, kann statt im Plenum in Halbgruppen gearbeitet werden. Will man die Aufgabe (teilnehmergeleiteten) Kleingruppen übertragen, wird zum Schluss ein Zurückkommen ins Plenum geboten sein.

Weitere Gestaltungsmöglichkeiten

Vielleicht will der Leiter der Vorstellung der Teilnehmer mehr Zeit einräumen. Dann kann dies durch ein Partnergespräch geschehen, indem je zwei Teilnehmer einander über ihre Person befragen und nachher einer den andern im Plenum vorstellt. Oder - in Aufnahme der Frage nach den Erwartungen -, indem in der Runde jeder zu seiner Person etwas sagt und beifügt, was er vom Seminar besonders erwartet. Da eine ausführliche Vorstellung viel Zeit beansprucht, kann der 3. Schritt gestrichen werden oder der Leiter kann den 2. mit dem 3. Schritt kombinieren (Information am Beispiel des Texts 1. Mose 26,1-11).

Der Abend kann auch mit Gesprächen in Zweier- und Dreiergruppen beginnen: Welche Fragen sind mir beim Lesen der Bibeltexte und des Begleitmaterials aufgestiegen? Die Ergebnisse werden auf Papier oder Folie notiert und im Plenum vorgestellt. Der Leiter nimmt sie auf und bespricht, in einem 2. Schritt, die Eigenart biblischen Schrifttums: Wozu sind die Texte des AT geschrieben worden? Zum Abschluss des ersten Abends mag es sinnvoll sein, dem Teilnehmer, in einem 3. Schritt, ein Arbeitsblatt in die Hand zu geben - Tips zum Lesen des AT -, das ihm die künftige Lektüre der Texte erleichtert. Hinweise wie: Wichtige Stellen unterstreichen, andere Uebersetzungen einbeziehen, Lexikon gezielt einsetzen, bei schwierigen Stellen Fragezeichen anbringen und weiterlesen. Hier kann beispielsweise auch die sog. Schwedische Methode vorgestellt werden.

Methodische Hinweise

Partnergespräch: Jeder Teilnehmer wählt sich aus dem Kreis einen Partner aus, setzt sich mit ihm in eine Ecke oder geht ein paar Schritte. Dadurch ist es möglich, zu einer begrenzten Fragestellung relativ persönlich und konkret zu reden.

Wandzeitung: Papierbogen werden im voraus zurechtgeschnitten und Filzstifte bereitgelegt. Der Leiter hängt das Papier im voraus oder während der Partnergespräche auf (Klebstreifen, Haftis) und fordert diskret zum Notieren der Ergebnisse auf. Es ist auch möglich, das Papier auf einen Tisch (oder auf den Boden) zu legen.

Schwedische Methode: Der Leser bringt bei der Lektüre des Bibeltextes drei verschiedene Zeichen an. Fragezeichen: Hier habe ich etwas nicht verstanden. Ausrufezeichen: Da ist mir etwas klar geworden (Aha-Erlebnis). Pfeil: Das scheint mir für mein Leben wichtig zu sein. Diese Methode kann bei der persönlichen Bibellektüre, aber auch in der Gruppenarbeit, eingesetzt werden.

Verlaufsskizze

Dauer	Was?	Wie?	Womit?
5'	Einführung Vorstellung des Abends		
	1. Auf den gelesenen Stoff zurückblicken		
30'	Versuch, den Verlauf der Urgeschichte zu zeichnen	Arbeit in Fünfergruppen Zeichnen der Entwicklung - Wo geht es aufwärts? - Wo abwärts?	Lange Packpapierstreifen, Filzstifte
10'	Erste Ergebnisse	Präsentation im Plenum Betrachten Kommentar (Leiter)	Aufhängen der Streifen im Plenumsraum
	2. Theologische Information zu Gen. 1-11 vermitteln		
25'	Der Mensch und seine Geschichte	Information durch den Leiter	
	3. Die erworbene Erkenntnis durch Textvergleich vertiefen		
40'	Synoptischer Vergleich der beiden Schöpfungsberichte Gen. 1 und 2	Arbeit in Kleingruppen a. Einzelarbeit b. Aussprache - Welches ist mein (unser) erster Eindruck beim Vergleichen beider Texte? - Worin unterscheiden sich beide Texte (Form, Ablauf des Schöpfungsgeschehens, Rede von Gott, Aussagen über den Menschen)?	Textblatt Gen. 1+2 nebeneinander gedruckt
25'	Was sagt uns das Nebeneinander der beiden Berichte für das Verständnis der Bibel?	Austausch im Plenum Gespräch mit dem Leiter (ev. Lehrgespräch)	Weiterarbeit mit synoptischem Textblatt

Erläuterungen

Zum 1. Schritt

Die Aufgabe, den Verlauf der Urgeschichte als Linie (Kurve) mit Höhepunkten und Tiefpunkten zu zeichnen, ist der Versuch, den gelesenen Stoff auf anregende Weise zu repetieren. Zugleich kann hieran schon begriffen werden, in welcher Hinsicht die Texte vom Menschen und vor allem von Gott reden.

Zum 2. Schritt

Hier ist wünschbar, dass der theologische Referent an die im 1. Schritt gewonnenen Erkenntnisse anschliesst, wenn er den Menschen in seiner Geschichte (als Beziehung, Schuld, Angenommensein) darstellt.

Zum 3. Schritt

Damit wird die Hausaufgabe E 2 aufgenommen. Die beiden Texte werden für die Hand des Teilnehmers so nebeneinander fotokopiert, dass Gen. 1,1-2,4a (Priesterschrift) als linke und Gen. 2,4b-25 (Jahwist) als rechte Spalte überschaubar und vergleichbar sind. Es ist für den Gruppenleiter (ein Teilnehmer) kaum schwierig, die Stichworte der zweiten Frage ins Gespräch zu bringen. Die Verarbeitung geschieht im Plenum unter Leitung des Theologen. Dabei ist ein Lehrgespräch durchaus möglich.

Weitere Gestaltungsmöglichkeiten

Es ist auch sinnvoll, den Abend vom 3. Schritt her aufzubauen: Synoptischer Vergleich in Gruppen, aus dem die theologische Information erwächst (= 2. Schritt). Als 3. Schritt wäre sodann eine offene Aussprache mit dem Plenum anzuschliessen. Etwa in der Richtung: Was macht uns Mühe bei diesen Texten? (z.B. Frage, inwiefern die Schöpfungsberichte nicht im modernen Sinn historisch, sondern ein Glaubenszeugnis sind). Welche wichtigen anthropologischen Fragen werden von Gen. 1-11 her angestossen (s. Blatt E 3)? Möglich ist zudem, dass der Leiter ev. zur Oekologiefrage ein Schlussvotum zu Gen. 1,28 bereithält, u.U. mit 1-2 Dias illustriert.

Als weitere Möglichkeit können anhand der Schöpfungsberichte Fragen der Weltentstehung und Herkunft des Menschen aufgegriffen werden. Gruppenarbeit als 1. Schritt: Was steht in den diesbezüglichen biblischen Texten? Wie denken wir dem gegenüber heute? In einem 2. Schritt kann der Leiter Informationen vermitteln, wie alte Völker - Aegypter, Babylonier, und das alte Israel - Weltentstehung und Herkunft des Menschen verstanden haben und wie moderne Wissenschaft (Physik, Biologie) diese Fragen sieht. Gespräch sodann im 3. Schritt: Wie kommen wir zurecht mit den biblischen Aussagen? Was wollen sie bezeugen? Abschliessend kann am Beispiel eines Schöpfungspsalms (Psalm 8) gezeigt werden, dass die Bibel in der Weise des Gotteslobs auf diese Fragen eingeht.

Methodische Hinweise

Einzelarbeit: Es ist fruchtbar, den Teilnehmer immer wieder zur (stillen) Einzelarbeit aufzufordern. Das kann sowohl im Plenum wie in der Kleingruppe geschehen.

Teilnehmer als Gruppenleiter: Wenn eine Lerneinheit gut vorbereitet ist (Fragen, Frageblatt), lässt sich in der Regel ein Teilnehmer als Gruppenleiter gewinnen. Es ist nicht unbedingt nötig, einen Gruppenleiter im voraus zu bestimmen, dies kann (oft noch besser) in der Gruppe selber geschehen.

Lehrgespräch: Im Einverständnis mit der Gruppe kann der Leiter auf einem Gebiet, in dem er Fachmann ist, ein Lehrgespräch führen. Straff geleitet geht dieses den einzelnen Lernschritten nach. Verwendung grundsätzlich aber nur dort, wo es wirklich angezeigt ist.

Verlaufsskizze

Dauer	Was?	Wie?	Womit?
5'	Einführende Worte		
	1. Zwei Abrahamsgeschichten vorbereiten und erzählen		
	1. Mose 12,1-9 1. Mose 18,1-16	Arbeit in Halbgruppen (je ein Text)	
30'	Zusammenstellen inhaltlicher Stichworte, die für die nachherige Erzählung wichtig sind	Fragen (Textbeispiel 1. M. 12) - Wie mag Abraham beim Aufbruch zumute sein? - Was mögen sich die Leute von Haran denken?	Arbeitsblatt mit Fragen
	Anstösse und Fragen aus der Erzählung	Austausch in der Gruppe (Gruppenmitglied notiert)	Notizpapier
25'	Beide Abrahamsgeschichten erzählen	Plenum (jedes Gruppenmitglied am Erzählen beteiligt)	
	Anstösse und Fragen zusammentragen	Plenumsgespräch (Leiter notiert)	Hellraum-Projektor (Packpapier, Konferenzstaffelei)
	2. Wichtige Motive der Abrahamsgeschichte festhalten		
25'	Theologische Information in Aufnahme der bisher formulierten Fragen und Anstösse	Referat	
10'	Befragung des Referenten	Plenumsgespräch	
	3. Nachdenken über die Bedeutung Abrahams für uns		
	Abraham als Leitbild für uns	- Inwieweit kann er das sein? - Wo erleben wir in unserer Zeit Aufbruchssituationen?	
40'	Brief an Abraham	Einzelarbeit, ev. zu zweit	Schreibmaterial
	Vorlesen einzelner Briefe	Einige Teilnehmer (freiwillig), dazwischen Musik	Tonband oder Plattenspieler
	Worte auf den Weg (z.B. 1.M. 12,1; 15,6)	Leiter oder Teilnehmer (meditativ, ev. mehrmals lesen)	

Erläuterungen

Zum 1. Schritt

Er nimmt die Anregung von E 4 auf: Texte nacherzählen, überhaupt: Erzählen lernen! Gedacht ist, dass in der Gruppe nur gleichsam das "Rohmaterial" für die nachherige Erzählung bereitgestellt wird, hier aber bereits Fragen und Anstösse notiert werden, auf die die Teilnehmer dabei stossen. Die Gruppe verabredet lediglich, wer mit der im Plenum erzählten Geschichte beginnt, dann schliessen andere Gruppenmitglieder spontan an.

Zum 2. Schritt

Die Anstösse und Fragen können für den Leiter die Brücke zur Information bilden und überhaupt dafür das Gerippe abgeben. Vielleicht bringt er die wichtigsten Punkte bereits auf einem vervielfältigten Blatt mit.

Zum 3. Schritt

In einem fingierten Brief an Abraham wird der Transfer in unsere (oft genug auch Aufbruchs-)Situation versucht. Nachher Vorlesen einzelner Briefe, mit viel Stille, unterbrochen von Musik und dem Aussprechen von Kernstellen aus den Abrahamsgeschichten, die sich hiefür besonders eignen.

Weitere Gestaltungsmöglichkeiten

Sofern der Leiter der Seminargruppe das eigene Erzählen (noch) nicht zumuten will, kann er es selber übernehmen oder im voraus einen Teilnehmer darum bitten. Denkbar ist auch, dass der Leiter die erste Geschichte selber erzählt, mit der zweiten bloss beginnt und dann spontan anschliessen lässt, wer dazu gewillt ist. Auch ein andersartiger 1. Schritt ist möglich: Gespräch über menschliche Aufbruchssituation (lebensgeschichtliche, z.B. in der sog. Lebensmitte), in Gruppe und Plenum, um dann so zum 2. Schritt überzuleiten. Zur andersartigen Veranschaulichung im 3. Schritt können Dias gezeigt oder (von der Gruppe) Fotos ausgesucht werden, wenn möglich auch in Verbindung mit Musik, um das Moment der Aneignung in der Stille zu betonen.

Methodische Hinweise

Briefe schreiben: Stellt zwar einige Anforderungen, muss daher - wenn diese Form verwendet wird - sorgfältig eingeführt werden, hilft aber zur Identifikation mit einer im Text vorkommenden Person. "Lieber Abraham, du hast gemacht, was auch ich so gern möchte: loslassen, und gelassen weiterziehen..."

AUSZUG AUS ÄGYPTEN

Verlaufsskizze

Dauer	Was?	Wie?	Womit?
5'	Vorschau auf den Abend		
	1. Die Lektüre nach 2 Richtungen exemplarisch vertiefen		
30'	1. Fragerichtung: Die Art der Texte	Arbeit in 2 Gruppen Arbeit d. 1. Gruppe (Fragen) - Was hat Sie angesprochen? - Wo sind Sie auf Schwierigkeiten gestossen? - Versuchen Sie als Gruppe, Antwort auf einzelne Fragen zu geben	Arbeitsblatt Fragen
	2. Fragerichtung: Die Gestalt des Mose	Arbeit d. 2. Gruppe (Fragen) - Versetzen Sie sich in das Leben des Mose hinein - Welches war sein schönstes, welches sein schwerstes Erlebnis? - Versuchen Sie eine Charakterisierung dieses Mannes	Arbeitsblatt Fragen
15'	Schwierigkeiten mit dem AT	Ergebnisse d. 1. Gruppe werden im Plenum vorgestellt Antworten der Gruppe Kurzkommentar d. Leiters	Plakat Hellraumfolie
15'	Mose - Versuch eines Lebensbilds	Skizzen des Leiters Ergänzungen der Gruppe	
	2. Theologie der Befreiung am Beispiel des Exodus kennen lernen		
15'	Theologische Information		
	Gefangenschaft und Befreiung: damals - heute	Kurzinformation	
	3. Nachvollziehen, wie Menschen heute Befreiung erleben		
40'	Textbeispiel aus den Psalmen von Ernesto Cardenal	Arbeit in Gruppen - Stilles Lesen - Wo und wie wird hier Befreiung erlebt? - Was kann das für uns bedeuten? - Können wir eine für uns aktuelle Bitte formulieren?	Schreibmaterial
	4. In der Gegenwart beten lernen		
		Plenum	
15'	Lesung eines biblischen Psalms	Leiter/Teilnehmer	
	Lesung von Bitten aus den Gruppen	Gruppenmitglieder	

Erläuterungen

Zum 1. Schritt

Die Seminargruppe arbeitet in Halbgruppen, denen je verschiedene Aufgaben zugeteilt sind. Einmal: Eintreten auf die in diesen Texten gehäuften Verstehensschwierigkeiten (beispielsweise bezügl. der Grausamkeiten, die uns heutigen Lesern schwer zu schaffen machen). Sodann: Arbeit an einem Bild der Hauptgestalt Mose. Es kann weder das Ziel des Abends sein, all die schwierigen Fragen zu beantworten oder aufzuarbeiten, noch Mose umfassend darzustellen. Jedoch soll bei beiden Aufgaben die Gruppe aktiv eingespannt werden.

Zum 2. Schritt

Hier ist Gelegenheit geboten, das Thema Befreiung so zu entfalten, wie es sich für Israel nach dem Auszug aus Aegypten und der Wüstenwanderung darstellte, aber bereits einen Blick zu werfen auf die grosse theologische Linie der Befreiung, die, von Exodus angestossen, zum Neuen Testament führt und uns heute so stark beschäftigt.

Zum 3. und 4. Schritt

Die Aktualisierung der befreienden Botschaft der Bibel soll im 3. und 4. Schritt so geschehen, dass die Seminargruppe sich hineindenkt in einen der von Ernesto Cardenal übertragenen biblischen Psalmen (in: "Psalmen", Wuppertal 1980). So kann das Thema von AT 4, nicht zuletzt durch den meditativ-liturgischen Schluss, lebensnah werden.

Weitere Gestaltungsmöglichkeiten

Ein ganz anderer Einstieg kann im Anschluss an den Quiz (E 2) so gewählt werden, dass den in Dreiergruppen aufgeteilten Teilnehmern die Aufgabe gestellt wird, je einen eigenen Quiz zu erfinden. "Hätten Sie Lust, aus dem von Ihnen erarbeiteten Lesestoff AT 4 einiges herauszugreifen und als Gruppe 1-2 Quiz-Fragen selber zu formulieren, um sie nachher dem Plenum vorzutragen?" Die Gruppen-Quiz werden dem Plenum kurz gezeigt oder projiziert und dabei ermittelt, welche Seminarteilnehmer (Selbstzensur!) die besten Ergebnisse erzielen. Dazu braucht es Zeit, es macht aber Spass. Als Variante zum 3. und 4. Schritt: Das meditative Gedicht "Exodus" von Dorothee Sölle (in: "Die revolutionäre Geduld", Berlin 1974) in einer gleichsam synoptischen Betrachtung neben ausgewählte Texte von AT 4 halten. Fragen: Wo klingt etwas Bekanntes an, was befremdet uns, was dünkt uns ähnlich? So kann, als Ausklang des Abends, ein Gespräch über Exodus-Befreiung in Gang gebracht werden.

Um den geschichtlich-geographischen Gegebenheiten des Exodus besser gerecht zu werden, können mit der Teilnehmergruppe anhand einer blinden Folie Wege und wichtigste Stationen des Wüstenzugs erarbeitet werden, u.U. in diesem Zusammenhang auch die wichtigsten

Ereignisse im Leben des Mose. Daran mag sich eine theologische Reflexion des Exodusgeschehens anschliessen. In einem grossen 2. Schritt kann sodann die aktuelle Vergegenwärtigung erfolgen, z.B. durch Anhören (oder Singen) des Spirituals "Go down Moses.." (s. Blatt D), der auch Anlass bietet, alttestamentlich-christliche Elemente in der Befreiungsbewegung der nordamerikanischen Schwarzen aufzuzeigen und so den Bogen in unsere Gegenwart zu schlagen.

Methodische Hinweise

Gruppenarbeiten mit verschiedenen Aufgaben: Stellt, wie hier im 1. Schritt deutlich wird, vor einige Schwierigkeiten. Der Leiter wird diese methodische Form einsetzen, wenn ihm vor allem wichtig ist, dass die Gesamtgruppe am Lernprozess optimal beteiligt wird, auch wenn die Verarbeitung im Plenum notwendigerweise knapp bleibt.

Verlaufsskizze

Dauer	Was?	Wie?	Womit?
5'	Eröffnung des Abends Einführung ins Thema		
	1. Den neuen Stoff am Beispiel Gideons erarbeiten Bibelarbeit		
40'	Richter 6,1-16.25-27 7,1-2.16-22	Arbeit im Plenum, ev. Gruppenarbeit Fragen - Was vernehmen wir über die äussere Lage Israels? - Wie erfährt Israel durch Gideon Hilfe? - Wo erkennen wir das Schema d. Deuteronomisten? (Abfall v. Gott-Gericht Zuwendung-Heil) Stille Arbeit / Austausch	Arbeitsblatt Texte nebeneinander kopiert Fragen eingedruckt Farbstifte Filzstifte
	2. Ueber das Gottesbild des Alten Testaments gemeinsam nachdenken		
20'	Wir stellen und beantworten Fragen zum alttestamentl. Gottesbild	Wandzeitung / Stummes Gespräch - Was macht mir am Gottesbild zu schaffen? - Was beeindruckt mich?	Packpapierbögen an Wand, Stifte Notieren eigener Eindrücke
20'		Verarbeitung des Stummen Gesprächs Aussprache im Plenum Dazwischen: Kommentierende Voten d. Leiters Zusammenfassung	Zusammenhänge auf Wandzeitung zeigen
	3. Die fünf ersten Abende auswerten		
20'	Was haben wir bisher gelernt? Wie können wir noch fruchtbarer lernen?	Auswertung in Dreiergruppen Stille Arbeit - Austausch Wie haben wir den bisherigen Arbeitsstil erlebt? - Erarbeitung des Stoffs zuhause? (Lektionen) - Verhältnis von Plenumsgespräch, Gruppenarbeit, Information in der Seminargruppe? - Arbeit anhand exemplarischer Texte?	Fragen schriftlich Tafel (Packpapier, Zettel)
25'		Einbringen ins Plenum Austausch	Vorbereitetes Fragenblatt (Heimaufgabe)

Erläuterungen

Zum 1. Schritt

Mit der vorgeschlagenen Bibelarbeit lässt sich die Information von AT 5 - A exemplarisch vertiefen. Dabei ist günstig, wenn der Leiter der Gruppe viel Spielraum zum phantasiereichen Auffinden der Einzelheiten und der Eigenart dieser Texte lässt. Bedeutung und Charisma der Richtergestalten wird so dem Teilnehmer durch eigene Arbeit (oder helfende Zwischenfragen) erschlossen.

Zum 2. Schritt

Hier soll das, was Lektion 5 in den Bibeltexten wie in den theologischen Kommentaren zum Ausdruck bringt, in einem erweiterten Sinn verarbeitet werden: Das Gottesbild, das in diesen Büchern begegnet, ist für uns heutige Leser anstössig und stellt unsern Glauben vor schwierige Fragen. Sie auszusprechen und Antworten zu suchen, gemeinsam und unter Mithilfe des Theologen, ist Ziel dieses Schrittes.

Zum 3. Schritt

Falls die Seminargruppe sich nicht an jedem Abend die Zeit für eine kurze Auswertung nehmen will, soll einmal Gelegenheit geboten werden, dies in einem besondern Schritt zu tun, der hier angeregt wird. Wie haben wir unser bisheriges Arbeiten erlebt: Die Heimarbeit anhand der schriftlichen Lektionen und den Arbeitsstil in der Seminargruppe? Es ist gedacht, dass, angestossen durch die Kleingruppen- und Plenumsgespräche dieses Abends, eine vertiefte schriftliche Auswertung zuhause erstellt werden kann, die dem Leiter wertvolle Signale für das Weiterfahren vermittelt. (Am Schluss des Abends: Bereithalten und Austeilen eines vorbereiteten Frage- bzw. Auswertungsblattes).

Weitere Gestaltungsmöglichkeiten

Falls Gideon (und die Richtergestalten überhaupt) Leitthema des ganzen Abends sein sollen, kann der 2. Schritt als Information gestaltet werden. Im 3. Schritt könnte der Frage nachgegangen werden, ob und inwiefern wir heute Gnade und Gericht anders erfahren, und ob es auch unter uns charismatische Gestalten gibt, zumindest die Sehnsucht nach ihnen.

Einzelne der Lebensbilder der Richter (vor allem Gideon) eignen sich auch vortrefflich zum Nacherzählen und Dramatisieren. Ausgehend von einem solchen Eindruck liesse sich - gesprächsweise - die theologische Botschaft dieser Texte erörtern und, in einem 3. Schritt, hinführen zu paulinisch-reformatorischen Gedanken: "Wenn ich schwach bin, dann bin ich stark" (2. Kor. 12,10).

Methodische Hinweise

Stummes Gespräch: Es zielt, wie das Wort sagt, auf einen schriftlichen Dialog unter den Gruppenmitgliedern. Die Gruppe setzt sich (z.B.) im Halbkreis vor eine Wand, an der Packpapierbögen hangen, auf denen die Leitfragen im voraus notiert sind. Wer etwas beitragen will, schreibt Worte, kurze Sätze und Fragen auf die Wandzeitung.

Es kann auch (schriftlich) diskutiert werden, indem jemand das Votum eines andern unterstreicht, mit einem Fragezeichen versieht oder durch einen (zustimmenden oder gegensätzlichen) Kurzkommentar ergänzt. In der Regel bereitet es kaum Schwierigkeiten, aus einem "stummen" in ein lebendiges "lautes" Gespräch überzutreten. Für den Leiter ist so oft auf glückliche Weise Gelegenheit geboten, Hinweise und Erklärungen zu geben.

ANFÄNGE DER KÖNIGSZEIT

Verlaufsskizze

Dauer	Was?	Wie?	Womit?
5'	Brücke zum letzten Mal Vorschau auf den Abend		
	1. Die Person Davids durch zwei Texte näher kennen lernen		
30'	Dramatisches Lesen von 2 Davids-Texten 2. Samuel 11 2. Samuel 12	Arbeit in Halbgruppen (je ein Text) a. Einzelarbeit b. Rollenverteilung Lesung mit verteilten Rollen (je in der Gruppe) c. Vortragen der Erzählungen im Plenum	ev. vervielfältigter Text (Rollen farbig anstreichen)
20'	Wichtige Eindrücke zur Persönlichkeit Davids	Austausch im Plenum - Was hat uns beim Hören berührt? - Welches sind Merkmale im Charakterbild Davids?	
	2. Das Bild Davids anhand der Samuelbücher vertiefen		
30'	König David - Mensch mit Fehlern. Dennoch Träger der Verheissung	Vertiefendes Rundgespräch auf dem Hintergrund der bisherigen Erkenntnisse, d.h. der besprochenen Texte	Wandtafel Wandzeitung (Notizen)
	Feststellungen zur Geschichtsschreibung der Samuelbücher	Ausweitung auf andere Texte der Samuelbücher (weiterführendes Gespräch ev. Beitrag des Leiters)	
	Folgerungen	Plenumsdiskussion (Versuch eines Transfers)	
	3. Die Person Davids in ihrer geschichtlichen Leistung würdigen		
25'	Wie die Historiker David sehen: Seine politische und religiöse Leistung	Information des Leiters	ev. Blatt mit zusammenfassenden Sätzen
10'	Rückfragen	Gespräch im Plenum	
15'	Abschluss: Das Bild Davids in der Kunst	Bildbetrachtung meditativ ev. Musik	Bilder 2-3 Dias

Erläuterungen

Zum 1. Schritt

Leitfaden der Lektion ist die Vermittlung eines Bildes von David mit seinen hellen und dunklen Seiten. Durch dramatisches Lesen kann der Teilnehmer wichtige Züge an diesem Bild selber entdecken. Die Textlesung, die in 3 Stufen erfolgt - Einzelarbeit, Gruppe, Plenum -, verstärkt den Eindruck. Hauptgewicht liegt auf der Einübung der Lesung in der Gruppe.

Zum 2. Schritt

Das Bild wird im 2. Schritt vertieft und, durch Einbezug anderer Davids-Texte, ausgeweitet. Die Teilnehmer haben genügend persönliche Eindrücke gewonnen, um aktiv mitarbeiten zu können (Stichworte auf Tafel od. Projektor aufschreiben). Hier kann der Leiter Informationen in der Richtung von Blatt A und D einstreuen. Ev. Transfer in unsere Zeit: (z.B.) Christ und Macht.

Zum 3. Schritt

Mit Lektion AT 6 befinden wir uns erstmals auf dem Boden klarer Historie. Es lohnt sich, Davids staatsmännische Leistung und kluge Politik aus historischer Sicht zu beleuchten. (Wie ist das israelitische Staatswesen zusammengewachsen?). Ein Blick auf das Bild Davids in der Kunst kann den Abschluss bilden.

Weitere Gestaltungsmöglichkeiten

(1) Variante zur Lektionsgestaltung mit Gewicht auf der Person Davids. 1. Schritt: Sammeln von Eindrücken der Teilnehmer zur Gestalt Davids, aufgrund der Lektüre, z.B. auch der Erinnerungen aus der Sonntagsschule, ev. verstärkt durch Zeigen von Bildern (Dias). 2. Schritt: Bibelarbeit zu 2.Sam 11 oder 12. (Inwiefern wird unser Bild von David verstärkt, verändert?). Im 3. Schritt Information des Theologen: Wie zeichnen die Samuelbücher das Bild Davids?

(2) Schwerpunkt der Lektion auf den drei Gestalten: Samuel, Saul, David. 1. Schritt: Die drei Personen werden, aufgrund zugeteilter Texte, in je einer Gruppe besprochen. Jedes Gruppenmitglied formuliert für sich 2 Sätze zur Charakterisierung dieser Person. Einbringen ins Plenum. 2. Schritt: Ueberprüfung dieser Biographien durch eine theologische Information. Gespräch. Abschluss, im 3. Schritt, durch Bildbetrachtung (z.B. der tanzende David).

(3) Sofern das Königtum als solches im Vordergrund der Lektion steht: Synoptische Textarbeit (1.Sam 8+10,17ff; 1.Sam 9,1-10,16), als 1. Schritt, in Gruppen. 2. Schritt: Vertiefende theologische Information. 3. Schritt: Das Bild Davids in den Samuelbüchern.

Methodische Hinweise

Dramatisches Lesen: Gute Möglichkeit, Texte mit ganz einfachen Mitteln sprechen zu lassen. Textbearbeitung in 3 Stufen: (1) Stilles Lesen, Rollen farbig anstreichen. (2) Die verschiedenen Rollen werden in der Gruppe besprochen (in unserem Beispiel: David, Nathan, Uria usw., sowie überleitender Text), auf Teilnehmer verteilt und 2-3 Mal eingeübt. (3) Die Lesung im Plenum soll eindrücklich erfolgen, ev. unterstrichen durch Musik. Sofern Zeit ist, kann dramatisches Lesen durch dramatisches Erzählen ergänzt werden.

Verlaufsskizze

Dauer	Was?	Wie?	Womit?
5'	Einführung ins Thema Vorgehen vorstellen		
	1. Durch Kurzgeschichten den gelesenen Stoff vergegenwärtigen		
30'	Durch Erzählen eine Person oder Szene aus den Königsbüchern vorstellen	a. Einzelarbeit - Welche Person wähle ich? - Welche Stichworte sind mir wichtig? b. Erzählen im Plenum (1-2 Minuten pro Teilnehmer) Jeweils inhaltliche Verknüpfung durch den Leiter	
	2. Den Konflikt um Jahwe und Baal verstehen lernen		
10'	Wie und weshalb sich dieser Konflikt mit dem Sesshaftwerden Israels einstellt	Information des Theologen	
50'	Elia auf dem Karmel 1. Kön 18,16-19,10	Textarbeit in 2-3 Gruppen a. Einzelarbeit (Stellen anstreichen) b. Gesprächsweise Erarbeitung in d. Gruppen Fragen - Was erfahren wir aus dem Text über den Konflikt um Jahwe und Baal? - Was beschäftigt uns persönlich an diesem Konflikt? Stichworte notieren	Textblatt Farbstifte Fragen auf Textblatt eingedruckt Folien Packpapier
	3. Wichtige Fragen vertiefen und aktualisieren		
40'	Jahwe oder Baal - der damalige Konflikt Gott oder Götze - der heutige Konflikt	Gruppenergebnisse ins Plenum einbringen Verarbeitung (Plenum) - Fragen aus d. Gruppen - Informationen d. Leiters - Fragen, die wir uns heute stellen	Hellraumprojektor Wandzeitung

Erläuterungen

Zum 1. Schritt

Die Königsbücher enthalten vielseitigen Erzählstoff. Mit dem 1. Schritt soll dieser für die Gruppe auf angenehme Weise fruchtbar gemacht werden. Jeder Teilnehmer wählt sich eine Person aus - Hiram, die Königin von Saba, Rehabeam, Naeman, Gehasi, oder auch eine Episode aus dem Leben von Salomo, Elia, Elisa - und stellt sie in einer ca. 1-minütigen Erzählung dem Plenum vor. Der Zwang zur Kürze macht das Unternehmen spannend.

Zum 2. Schritt

Hauptgewicht hat - nach einer Einführung des Leiters - in diesem Schritt die Gruppenarbeit, die in 2 Phasen gedacht ist, einer stillen Lesung und dem Gespräch unter den Teilnehmern. Die Fragen auf dem Textblatt weisen dem Gruppengespräch in etwa den Weg. Das Ergebnis wird in den wichtigsten Punkten festgehalten und im nächsten Schritt ins Plenum eingebracht.

Zum 3. Schritt

Ziel der Plenumsaussprache in diesem letzten Schritt: Im Gespräch Leiter-Seminargruppe die offenen Fragen aufarbeiten, Zusatzinformationen - z.B. zu Sachaspekten (Baalsreligion, Gottesurteil etc.) - beisteuern und wenn immer möglich einen Transfer in unsere Gegenwart versuchen.

Weitere Gestaltungsmöglichkeiten

(1) Variante zum Lektionsvorschlag. Möglicherweise möchte der Leiter für die Kurzerzählungen in der Eingangsphase mehr Zeit haben. Dann kann er die Schritte 2 und 3 so zusammennehmen, dass er die Bibelarbeit im Plenum stattfinden lässt und die Verarbeitungsphase relativ knapp daran anschliesst. Uebrigens: Statt zu erzählen, im 1. Schritt, ist auch Zeichnen denkbar (Strich- und Symbolzeichnungen zu der gewählten Szene und nachherige mündliche Erläuterung).

(2) Der anschauliche Stoff der Königsbücher eignet sich erneut zum Aufschreiben von Quiz-Fragen, z.B. in Kleingruppen. Entweder Wettbewerb im Plenum oder gemeinsames Zusammentragen der Antworten (bzw. Auffinden neuer Fragen zum Lektionsstoff). In einem 2. Schritt kann, ev. vorbereitet durch 3 Gruppen, die Frage bearbeitet werden: Welchen Eindruck hinterliessen uns die Hauptgestalten der Lektion, Salomo, Elia, Elisa? 3. Schritt: Information über den Auftrag der Propheten und die Bedeutung und Leistung der Könige, letzteres ev. aufgrund profangeschichtlicher Erkenntnisse. (Bekanntlich lässt die Historie einzelnen Königen, besonders jenen des Nordreichs, mehr Gerechtigkeit widerfahren als die biblischen Berichte).

Methodische Hinweise

Einbringen von Gruppenergebnissen ins Plenum: Häufig werden die Ergebnisse aus der Kleingruppenarbeit durch mündliche Gruppenberichte ins Plenum eingebracht. Dies ist selbstverständlich ein gangbarer Weg. Doch kann diese Form der Berichterstattung auch ermüden, sie beansprucht zudem viel Zeit. Es empfiehlt sich daher, auch in dieses Verfahren Abwechslung zu bringen. Das kann geschehen, indem den Gruppen im voraus differenzierte Aufträge erteilt werden: Eine Gruppe hat z.B. (nur) zu einer bestimmten Frage Stellung zu nehmen, oder sie schreibt ihr Ergebnis bereits im Gruppenraum auf Folien oder Papierbogen oder beschriftet (in der Pause) die Wandzeitung im Plenumssaal.

Erzählen lernen und üben: Nicht umsonst sind uns viele biblische Inhalte in Form von Erzählungen weitergegeben. Sie fordern uns auf, sie auch unsererseits weiterzuerzählen. Das will geübt sein. Der Leiter wird deshalb, wo immer es geht, durch eigenes Beispiel die Teilnehmer zum Erzählen animieren. Indem er hier, etwa im 1. Schritt, sagt: "Ich will Ihnen einleitend selber eine der Personen aus den Königsbüchern erzählend vorstellen.."

DIE PSALMEN

Verlaufsskizze

Dauer	Was?	Wie?	Womit?
5'	Einführung Vorstellung des Abends		
	1. Einen allgemeinen Ueberblick über die Psalmen gewinnen		
30'	Die Bedeutung d. Psalmen für Israel u. die Kirche	Information (Leiter)	AT 8 - C ev. Folie
	Die Bedeutung d. Psalmen für uns heute	Austausch, ev. in Zweiergruppen und Rundgespräch (Psalmen, die mir etwas bedeuten)	AT 8 - E
	2. Psalmen und Kirchenlieder vergleichen - und singen		
10'	Wie die Psalmen in der Kirche zu Nachdichtungen geführt haben	Einführende Gedanken (Leiter, ev. Teilnehmer)	
20'	Psalm und Kirchenlied Synoptischer Vergleich	Erarbeitung im Plenum	Textblatt (2 Beispiele, synoptisch dargestellt)
		Psalmlieder singen	Liedblätter, Kirchengesangbuch, Instrument
	3. Als Beispiel Psalm 139 vertiefen und aktualisieren		
10'	Den Psalm aus seiner Zeit heraus verstehen	Exegetische Hinweise durch den Theologen	
40'	Den Psalm in unsere Zeit hineinstellen	Arbeit in 2-3 Gruppen, ev. im Plenum	Textblatt
	- Gott ist uns nahe im ganz Kleinen (V.1-5) - Gott ist uns nahe im ganz Grossen (V.8-12)	a. Einzelarbeit Zu jeder dieser beiden Versgruppen je einen eigenen Satz formulieren (so würde das für mich lauten) b. Sätze auf Wandzeitung schreiben c. Gespräch darüber in d. Gruppe bzw. im Plenum (vor der Wandzeitung)	Ps. 139,1-12 synoptisch aufgeschrieben: 1-5 (+6) 8-12 (+7) 2 Papierbögen an Wand (Boden)
	4. Den erarbeiteten Psalm gemeinsam beten und meditieren		
20'	Besinnlicher Abschluss Psalm 139 - heute gebetet	Plenum (ev. Sitzordnung im Kreis)	
		Responsorische Lesung z.B. 1. Strophe Sprecher: V. 1-5 2-3 Teiln.: Ihre eig. Sätze, alle: Kehrvers 6 Analog 2. Strophe mit V. 8-12 (+Teiln.beiträge)+7	ev. Musik dazwischen

Erläuterungen

Zum 1. Schritt

Es ist hier zunächst an ein Doppeltes gedacht: die Gesamtheit der Psalmen zu überblicken, im Sinn von Blatt C, ev. umgeschrieben in eine Folie; andererseits auf das beim Teilnehmer vorhandene Wissen einzugehen, etwa im Anschluss an E 3. Je nachdem ist es auch möglich, direkt mit den Zweiergruppen einzusteigen und die Information aus dem Rundgespräch herauswachsen zu lassen.

Zum 2. Schritt

Sehr lohnend ist die gleichzeitige Arbeit mit dem Kirchengesangbuch (KGB). Der Vergleich des Wortlauts eines Psalms mit der entsprechenden Nachdichtung (auf Arbeitsblatt synoptisch dargestellt) kann zeigen, wie die Psalmen in der Kirche verstanden und z.T. neu interpretiert wurden. Beispiel aus der Reformationszeit: Psalm 130-KGB 37, mit Nachdruck auf dem Rechtfertigungsgedanken (37,3). Beispiel aus der Gegenwart: Psalm 121-KGB 33, mit Nachdruck auf Jesus Christus und seiner Lebensbegleitung (33,4). Die Gelegenheit nützen zum Singen! (Ev. Organist beiziehen).

Zum 3. Schritt

Als Beispiel eines Psalms, der vertiefend besprochen werden soll, ist Ps. 139,1-12 ausgewählt. Die Allgegenwart Gottes wird hier - das wäre bei den exegetischen Hinweisen anzudeuten - an zwei menschlichen Lebensbereichen aufgezeigt: Gott ist im Kleinsten und Unscheinbarsten gegenwärtig, im Gehen, Sitzen, Liegen usw., d.h. in ganz persönlichen Lebenslagen (V. 1-5); andererseits ist er in den grössten Höhen (Himmel), Tiefen (Unterwelt), Weiten (Meer, damals Rand der bekannten Welt) gegenwärtig, also in den grossen beängstigenden Situationen der Menschen. Der Teilnehmer wird aufgefordert, der Schilderung dieser zwei Lebenssituationen je einen eigenen Satz anzufügen, so wie das auf ihn und seine konkrete Lage zutrifft. Diese Sätze werden, auf eine Wandzeitung geschrieben, in der Gruppe (oder Plenum) verglichen, besprochen, vertieft.

Zum 4. Schritt

Zum Abschluss soll nicht über den Psalm geredet, er soll gebetet werden, und zwar mit den Beiträgen, die die Teilnehmer selber eingebracht haben. Ein Sprecher (Leiter, ev. Teilnehmer) liest V. 1-5, nachher schliessen sich einige Teilnehmersätze zu dieser Versgruppe an, die mit dem Kehrvers 6 abgeschlossen wird. Dann (als 2. Strophe) dasselbe mit der Versgruppe 8-12, die, wiederum nach Teilnehmersätzen, mit dem Kehrvers 7 abgeschlossen wird. Die Teilnehmer sollen sich frei fühlen, etwas vorzulesen oder auch in Stille ihren eigenen Satz einzufügen.

Weitere Gestaltungsmöglichkeiten

(1) Varianten zum Lektionsvorschlag. Es kann auch mit Schritt 2 begonnen und ihm grösseres Gewicht gegeben werden. Ausgehend vom praktischen Beispiel eines synoptischen Vergleichs, lässt sich der Ueberblick über die Geschichte der Psalmen in alter Zeit (Israel) und neuerer Zeit (Kirchengeschichte, Gegenwart) gestalten. Um eine einheitliche Linie zu wahren, kann der Leiter zur vertiefenden Besprechung einen der Beispielspsalmen wählen. Den Abschluss bilden die responsorische Lesung und das Singen dieses Psalms.

(2) Im 1. Schritt lässt der Leiter die Gruppe auf spontane Weise zusammentragen, was an Psalmengut bei uns (auswendig) vorhanden ist. Daran anschliessend Rundgespräch: Woran liegt es, dass die Psalmen uns ansprechen? Diese Gedanken werden in einer Information (2. Schritt) aufgenommen; Hinweis , dass und wie die Psalmen menschliches Schicksal zur Sprache bringen. Sodann vertiefende Arbeit an einem Einzelpsalm, ev. auch durch synoptische Gegenüberstellung von verschiedenen Uebersetzungen (z.B. auch Martin Buber). Im letzten Schritt Uebersicht (Folie) über die verschiedenen Arten von Psalmen. Vorschlag, mit einem bestimmten - von der Gruppe gewählten - Psalm durch die kommende Woche zu gehen.

Methodische Hinweise

Persönliche Voten im Plenum: Es ist erwünscht, dass sich jeder beteiligt und wenn möglich auch etwas Persönliches beiträgt. Im Lektionsvorschlag ist hiezu im 1. Schritt (Zweiergruppen und Rundgespräch) und im 4. Schritt (Vorlesen der persönlichen Sätze) Gelegenheit geboten. Dies soll aber nicht heissen, dass alle Voten ins Plenum gegeben werden müssen. Viel Freiheit lassen! Den Schüchternen zwar ab und zu freundlich ermuntern, ihn aber wissen lassen, dass er auch mit dieser Eigenschaft als aktives Gruppenmitglied akzeptiert ist.

Uebersetzen in Mundart: Dies ist ganz allgemein eine willkommene Art, biblische Texte zu aktualisieren. Wir tun gut, die Teilnehmer ab und zu zu dieser Eigentätigkeit zu ermuntern. Bei den Psalmen bestehen Mundartübertragungen (Bösch); umso wertvoller kann es sein, gerade hier dem Inhalt durch die Alltagssprache Farbe zu geben (und den eigenen Versuch hernach mit bestehenden Uebersetzungen zu vergleichen).

Verlaufsskizze

Dauer	Was?	Wie?	Womit?
5'	Einführung in die Lektion Formulierung des Problems		
	1. Leiden auf uns wirken lassen		
15'	Bilder des Leidens	Emotionale Einstimmung anhand von 2-3 Bildern Stille Was wird in uns wach - welche Gedanken? - welche Fragen?	2-3 Dias Themen von Schmerz und Leiden (ev. mehrfach projiziert)
	2. Antworten auf die Leidensfrage kritisch prüfen		
	Hiob und seine Freunde	Plenum Arbeit über die Freundesantworten (wie z.B.: Leiden ist Strafe, Prüfung, Erziehung)	auf Wandzeitung womöglich vorbereitet
15'		a. Einzelarbeit Wo begegnen uns heute - ähnliche Antworten? - andere Antworten? neue Argumente notieren (Bewertung d. Antworten)	auf Wandzeitung schreiben
30'		b. Gespräch über diese Aussagen (Bewertung) - was lösen sie bei Hiob aus? (wie antwortet er?) - was richten sie unter uns an? (Folgen)	
	3. Die Botschaft des Hiobbuches erarbeiten und darstellen		
30'	Antwort an Hiob	Gespräch im Plenum	
	Bibelarbeit über Hiob 38ff	Gemeinsam erarbeiten, von welcher Art die biblische Antwort ist	Arbeitsblatt mit Texten (z.B.): Hiob 38,1-7.16-21. 40,1-5; 42,2-7.
30'	Hiob im Alten Testament und in der abendländischen Geistesgeschichte (ev. Hiob und Jesus)	Information des Theologen	
10'		Fragen der Teilnehmer	

Erläuterungen

Der Lektionsvorschlag baut auf dem Konzept auf, am Seminarabend einzig das Hiobbuch zur Sprache zu bringen. Für einmal mag dies gerechtfertigt sein, wenn wir an die theologie- und geistesgeschichtliche Bedeutung von Hiob denken.

Zum 1. Schritt

Ausgangspunkt sind gegenwärtige Erfahrungen des Leidens. Mit vorbereiteten Dias, auf denen Leidenssituationen dargestellt sind (ev. auch stärker symbolisch, z.B. Stacheldraht, verschlossene Tür, trauriges Gesicht), wird der Teilnehmer meditativ ans Thema herangeführt. Der Leiter wird ihm Zeit lassen und die Fragen, die die Besinnung leiten sollen, möglicherweise mehrfach in die Stille hineinsprechen und so das nachfolgende Gespräch vorbereiten.

Zum 2. Schritt

Die Freunde Hiobs formulieren gängige Antworten auf die Leidensfrage, wie sie in jener Zeit wohl tausendfach gegeben wurden. Ziel des 2. Schrittes ist es, an einigen dieser Fragen zu arbeiten, sie aber zugleich an heutigen - ähnlichen oder anderslautenden - Antworten zu messen. Es ist eine Hilfe, wenn wir dazu eine Wandzeitung benützen, die der Gruppe viel Raum lässt für ergänzende Eintragungen (ev. Hiob als Figur in der Mitte, Antworten strahlenförmig und verschiedenfarbig aufführen). In einer ersten Runde sollen, in Einzelarbeit, die Freundesantworten bedacht, aber auch neue gesucht werden. Bewerten meint: die Frage stellen, welche Antworten häufig vorkommen oder uns einleuchten. Damit ist der Grund gelegt für die zweite Runde, die gesprächsweise Verarbeitung der Aussagen der Freunde und der Antworten Hiobs.

Zum 3. Schritt

Im Rahmen einer Gesprächs-Bibelarbeit wird es möglich sein, mit 2-3 typischen Sätzen aus der Sequenz Hiob 38ff (ev. 42,4-6) die überraschende Antwort des Hiobbuches auf die Leidensfrage zu formulieren, die ja nicht rational erfolgt, sondern auf der existentiellen Ebene der Gottesbegegnung und Gottesgewissheit. Die abschliessende Information soll versuchen, Hiob in den grossen Rahmen des Alten Testaments, womöglich aber auch unserer ganzen abendländischen Geistesgeschichte zu stellen (bis zu Faust und C.G. Jung).

Weitere Gestaltungsmöglichkeiten

(1) Variante zum Lektionsvorschlag. Statt einer emotionalen Einstimmung kann, im Sinn einer Ausweitung der Lektion auf den gesamten Lesestoff, im 1. Schritt eine überblicksmässige Einführung in die Weisheitsliteratur gegeben werden, wobei die Krise der Weisheit aufgezeigt wird, wie sie bei Hiob fassbar wird (s. Blatt D). 2. Schritt gemäss Vorschlag. Im 3. Schritt kann auf die Darstellung der Wirkungsgeschichte verzichtet werden zugunsten einer christologischen Ausarbeitung des Hiobproblems (Hiob und Jesus).

(2) Da die Bestreitung der Existenz Gottes oft - und wie oft in der Neuzeit - anhand der Theodizeefrage des Hiobbuches geführt wird, lässt sich vorstellen, im 1. Schritt mit diesem Problem einzusetzen, an Einzeltexten (2. Schritt) sodann aufzuzeigen, wie die Antwort des Hiobbuches erfolgt (kein Gottesbeweis) und was diese Erkenntnis (3. Schritt) für unsere christliche Existenz bedeutet.

(3) Will der Leiter am Seminarabend die wichtigsten in der Lektion besprochenen Bücher gesamthaft zur Sprache bringen, kann dies auf folgende Weise geschehen. 1. Schritt: Durch die Teilnehmer solche Worte aus dem Buch der Sprüche zusammentragen lassen, die beim Lesen eindrücklich geworden sind, und von da aus, in einem 2. Schritt, eine Information zur Weisheitsliteratur anschliessen. Sie kann die Brücke zur Besprechung des Hiobbuches (3. Schritt) bilden, die ev. gesprächsweise, d.h. anhand der Verarbeitung wichtiger Texte, geschieht und hinführt (4. Schritt) zu einer Aussprache zum Thema "Mensch und Leiden". Ein Blick ins Predigerbuch (Kohelet) mag zeigen, wie eine Zeit, die die grossen Fragen nicht löst, sich auf die kleinen beschränkt (das Leben geniessen, Begrenzung anerkennen).

Methodische Hinweise

Bewertung von Aussagen: Oft will der Leiter die Teilnehmer zu engagierter Mitarbeit dadurch anregen, dass er sie bittet, eine Auswahl von Aussagen (s. z.B. Lektionsvorschlag 2. Schritt) zu bewerten. Das kann, etwa an einer Wandzeitung, so geschehen, dass die einleuchtende Wortgruppe (farbig) unterstrichen wird. Noch anschaulicher wirkt, wenn farbige Klebepunkte zur Verfügung stehen: Der Teilnehmer klebt hinter den ihm wichtig erscheinenden Satz einen Punkt. An der Häufung der Punkte kann hernach mit Leichtigkeit ersehen werden, welcher Aussage die Gruppe Gewicht beimisst. Diese Methode eignet sich auch bei der Auswertung von Veranstaltungen (Was hat mir am besten gefallen?).

AMOS UND HOSEA

Verlaufsskizze

Dauer	Was?	Wie?	Womit?
10'	Einführung Worte zur beginnenden Reihe prophetischer Bücher		
	1. Die Propheten in den Rahmen der Geschichte Israels stellen		
20'	Geschichtliches Schicksal und Prophetendienst	Verzahnung zeigen zwischen - geschichtlicher Epoche - Wirken eines Propheten	Folie od. Grafik als Uebersicht
	2. Die Zeit der Propheten Amos und Hosea überblicken		
30'	Von der Reichstrennung bis zum Untergang des Nordreichs	Kurzinformation als geschichtl. Ueberblick Rückfragen	ev. vervielfält. Blatt mit wichtigsten Stichworten
	3. Als Beispiel eines Propheten Amos kennen lernen		
45'	Die Botschaft des Amos Bibelarbeit Amos 3,9-11; 5,4f.21-24	Arbeit in Halbgruppen (ev. Kleingruppen) oder Plenum Fragen - Welche Zustände kritisieren diese Verse? . Was erwartet Amos vom Volk? . Was droht er dem Volk an? - Was scheint uns nach der Lektüre typisch für Botschaft und Wirken des Propheten? a. Einzelarbeit b. Austausch in Gruppe oder Plenum	Textblatt mit eingedruckten Fragen
	4. Einblick gewinnen in das Wesen prophetischer Rede		
30'	Das prophetische Wort	Analyse der prophetischen Rede am Beispiel von Amos 4,1-2 - Begründung des Prophetenspruchs - Ankündigung des prophetischen Gerichtsworts Information Veranschaulichung (durch den Leiter) Gespräch im Plenum	Uebersichtsblatt mit den Einzelelementen der Prophetenrede

Erläuterungen

Zum 1. Schritt

Die Verzahnung von geschichtlicher Epoche und prophetischem Wirken soll hier nicht durch ein Referat gezeigt werden, sondern womöglich an der Tafel oder am Hellraumprojektor anhand einer übersichtlichen Folie, die bestimmte Geschichtsepochen (und Prophetengestalten) aufeinander bezieht: Vorexilische Zeit (Amos, Hosea, Micha, Jesaja); Untergangszeit (Jeremia, Ezechiel); Exilszeit (Deuterojesaja, Ezechiel); Restaurationszeit (Tritojesaja, Haggai, Sacharja, Maleachi); Spätzeit (Teile aus prophetischen Büchern, Uebergang zur Apokalyptik).

Zum 2. Schritt

Die Funktion der knappen geschichtlichen Information ist eine doppelte: Zeigen, weshalb die Reihenfolge der prophetischen Bücher aus zwingenden historischen Gründen mit Amos und Hosea beginnt, und diese beiden Propheten in ihre Zeit hineinstellen (Hochkonjunktur im Nordreich und Verfall).

Zum 3. Schritt

Der anschauliche Text aus Amos (es können ebenso gut Texte aus Hosea gewählt werden, oder ev. aus beiden Propheten zugleich) gibt dem Teilnehmer die Möglichkeit, durch das Medium der Texte die Zeit des Amos kennen zu lernen. Gleichzeitig sollen, analytisch, einige wichtige Elemente gefunden werden, die das Wirken des Propheten konstituieren.

Zum 4. Schritt

Hier erfolgt, anhand eines Textbeispiels, die genaue Analyse des Prophetenspruchs (nach Westermann). Auf dem Uebersichtsblatt, das in der Hand des Teilnehmers ist, werden die Einzelelemente den (ausgeschriebenen) Textteilen von Amos 4,1-2 zugeordnet: Einleitung (V. 1a); Anklage (1b); Entfaltung (1c); Botenformel (2a); Eingreifen Gottes (2b); Folge des Eingreifens (2c). Ein Gespräch aufgrund dieses Schemas vermag anschaulich zu zeigen, welche nachweisbare Struktur die Prophetenrede hat, und wird für das weitere Verstehen prophetischer Texte eine Hilfe sein.

Weitere Gestaltungsmöglichkeiten

(1) Varianten zum Lektionsvorschlag. Es sind deren viele möglich. Vielleicht will der Leiter die Schritte 1 und 2 zusammenfassen. Ebenfalls denkbar ist der Einstieg mit der Bibelarbeit, daran anschliessend dann die Entfaltung der historischen Gegebenheiten und/oder der Aufgabe der Propheten. Es kann auch einer der 4 Schritte weggelassen werden, z.B. 1 oder 4, da auf ähnliche Fragen später wieder zurückgegriffen wird.

(2) In einem 1. Schritt kann die Gesamtgruppe so einbezogen werden, dass jeder Teilnehmer seine Eindrücke aus der Lektüre (s. E 1) reihum zum Ausdruck bringt. Aus diesen Voten lässt sich, in Gruppen, eine Kurzpredigt aus der Sicht des Amos verfassen: Wie hätte Amos heute gepredigt, was hätte er ganz konkret gesagt? Von da her wäre in einem 3., ev. auch 4. Schritt die Prophetenaufgabe zu erarbeiten bzw. durch Information zu ergänzen.

MICHA UND ERSTER JESAJA

Verlaufsskizze

Dauer	Was?	Wie?	Womit?
5'	Einführung Vorstellung des Abends		
	1. Zum Lesestoff Fragen stellen und beantworten		
30'	Leseeindrücke verarbeiten	Gespräche im Plenum - Worüber möchten wir reden? - Was ist uns bei der Lektüre zum Erlebnis oder zur Frage geworden? a. Dreiergespräche - Einander Eindrücke und Fragen mitteilen - Versuchen, in der Kleingruppe Fragen gegenseitig zu beantworten - Haupteindrücke und offene Fragen notieren	Notizmaterial
		b. Plenum - Wichtige Eindrücke und Fragen festhalten, notieren - Sachfragen beantworten (Leiter)	Wandtafel Hellraumprojektor
	2. Als Beispiel Jesaja 7 vergegenwärtigen und verstehen		
	"Glaubt ihr nicht, so bleibt ihr nicht!"	Arbeit in Plenum und Halbgruppen (Kleingruppen)	
10'	Bibelarbeit zu Jesaja 7	a. Plenum Plastische Darstellung der Situation durch Erzählung (Leiter, ev. Teilnehmer)	
45'		b. Halbgruppen /Kleingruppen Fragen zum Text - Der Prophet äussert sich zur pol. Lage.Wie? - Der Prophet äussert sich zum Glauben? Was ist ihm wichtig?	Textblatt mit eingedruckten Fragen Hellraumfolie Wandzeitung (Gruppenergebn.)
	3. Zeit und Botschaft Jesajas zusammenfassend darstellen		
45'	Der Prophet in seiner Zeit - persönliche und politische Existenz	Information Plenumsaussprache - Rückfragen stellen - Eingangs gestellte Fragen beantworten	

Erläuterungen

Zum 1. Schritt

Es soll angeregt werden, ganz bei den Fragen der Teilnehmer einzusteigen. Der Lesestoff enthält ja teilweise bekannte, emotional gefüllte Worte (Christusweissagungen), die der Teilnehmer jetzt in ihren geschichtlichen Zusammenhang gestellt sieht. Vorschlag: Im Plenum Dreiergruppen bilden, die Eindrücke sammeln und Fragen stellen. Es soll zur Aufgabe der Gruppen gehören, aufgrund des Lektionsstoffs auf Fragen nach Möglichkeit selber Antwort zu geben. In der Plenumsrunde werden einige wichtige Eindrücke und Fragen notiert, Sachfragen bereits beantwortet.

Zum 2. Schritt

Der Leiter stellt im Vorfeld der Bibelarbeit Jesaja 7 plastisch vor, womöglich als didaktische Erzählung. Er gibt im Plenum einige Momente Zeit, um die Eindrücke wirken zu lassen. Gruppenarbeit auf dem Hintergrund der Fragen auf dem Textblatt. (Beobachtung der äussern Situation; Beschreibung des Glaubensverständnisses Jesajas). Gruppenergebnisse schriftlich ins Plenum vermitteln.

Zum 3. Schritt

Die Information des Leiters, die Botschaft und Wirken des Propheten in den grossen Zusammenhängen aufzeigt, greift bisher Erarbeitetes auf und führt erneut ins Plenumsgespräch. Jetzt lassen sich einige der im 1. Schritt notierten Fragen gemeinsam besprechen und beantworten.

Weitere Gestaltungsmöglichkeiten

(1) Als 1. Schritt Jesaja 7 (z.B., vorbereitet, durch einen Teilnehmer) im Plenum erzählen. Im 2. Schritt die damalige religiöse und politische Situation darstellen (Leiter) und daran, im Sinn des Lektionsvorschlags, eine Bibelarbeit anschliessen (3. Schritt).

(2) Oder: Im 1. Schritt Ueberblick über Leben und Prophetie des Jesaja. 2. Schritt: Bibelarbeit zu einem Jesajatext, z.B. aus Kap. 1 oder 30. 3. Schritt: Erstellung von Collagen (2-3 Gruppen), die ein einzelnes Wort (z.B. Jes. 1,17; 30,15) aktualisieren; Auswertung im Plenum.

Methodische Hinweise

Didaktische Erzählung: Wenn, wie beispielsweise in Jes. 7, eine biblische Geschichte nur aufgrund der Kenntnis der historischen Zusammenhänge verständlich ist, kann dieser "Lehrinhalt" (didaktisch) in die Erzählung hineingenommen werden. Am Beispiel von Jes. 7: Darstellung der Szene bei den Wasserleitungen. (Bürger von Jerusalem berichten erschreckt über die Zeitereignisse; der König ist da, Jesaja tritt auf).
Collage: Aus Zeitungen und Zeitschriften zu einem bestimmten Thema Bilder, Worte und Sätze ausschneiden und phantasievoll zusammenstellen, sodass dem Betrachter die Thematik auf überraschende Weise nähergebracht wird. Dadurch können besonders auch geschichtliche Inhalte in die Gegenwart übertragen werden (Aktualisierung).

JEREMIA

Verlaufsskizze

Dauer	Was?	Wie?	Womit?
5'	Einführung Blick auf die Gestaltung		
	1. Jeremia und seine Zeit kennen lernen		
45'	Jeremia - Prophet in einer Zeit des Untergangs	Information	
	Politische und biographische Hintergründe	Zusammenhänge visualisieren (Weltpolitik - Königreich Juda-Prophet Jeremia)	Folie ev. Uebersichtsblatt z.Hd. des Teilnehmers
	2. Die historischen und theologischen Kenntnisse vertiefen		
30'	Offene Fragen - wichtige Entdeckungen	Vertiefung anhand des Referats und der schriftlichen Lektion	ev. Arbeit mit Uebersichtsblatt
		Plenum oder Halbgruppen - Entdeckungen aufgrund der Lektion AT 12 Offene Fragen - Fragen an das Referat	AT 12 A - D
	3. Anhand der Klagegedichte Jeremias Lebensschicksal verfolgen		
45'	Jeremias Klage und Gottes Antwort	Arbeit in Halbgruppen, ev. Kleingruppen (oder Plenum)	
	Jeremias Klagegedichte Kap. 15,10-21; 20,7-18	Gemeinsamkeiten und wichtige Elemente entdecken Fragen - Wie erlebt Jeremia seine Beziehung zu den Mitmenschen, zu Gott? - Was wird uns deutlich inbezug auf Jeremias Prophetenamt? - Sehen wir Parallelen zu Jesus?	Textblatt (verv. Texte womöglich synoptisch nebeneinander gedruckt)
10'	Zusammenfassung	Plenum	

Erläuterungen

Zum 1. Schritt

Es ist hilfreich, wenn hier eine gut erarbeitete Folie (bzw. Arbeitsblatt für die Hand des Teilnehmers) vorliegt. 3 Rubriken: (1) Politische Ereignisse im Vorderen Orient (s. auch AT 12 - A und Anhang von GN und L). (2) Das Geschehen im Königreich Juda; Regierungszeit von Josia, Jojakim, Jojachin, Zedekia, (3) Wirkensperioden des Propheten Jeremia (s. AT 12 - A,C). Durch diese Uebersicht soll Einblick in die damaligen Verhältnisse vermittelt werden.

Zum 2. Schritt

In der Gruppen- oder Plenumsarbeit soll für einmal nicht in erster Linie die Verarbeitung des Referats angestrebt werden. Eher Fragen stellen: Was haben wir anhand der schriftlichen Lektion (AT 12) in bezug auf das Prophetenleben Jeremias entdecken können, wo sind offene Fragen? Von da her wird automatisch Anschluss gefunden werden an das im Referat Gehörte.

Zum 3. Schritt

Synoptische Betrachtung von 2 Klagegedichten Jeremias. Das kann vielleicht so geschehen, dass die Teilnehmer in stiller Arbeit jene Stellen auf dem Textblatt (verschiedenfarbig) anstreichen, die die Beziehung Jeremias zu den Mitmenschen, zu Gott deutlich machen. Dann Gespräch über das Prophetenamt. Und auch: Parallelen zu Jesus auffinden (s. Blatt E).

Weitere Gestaltungsmöglichkeiten

(1) Variante zum Lektionsvorschlag. Anstelle der Besprechung der Klagegedichte kann als Bibelarbeit auch ein Text gewählt werden, der die soziale Botschaft des Propheten zum Ausdruck bringt, z.B. Jer. 7. Eine solche Bibelarbeit eignet sich, nach kurzer Einführung und historischer Situierung (1. Schritt), als ausführlicher 2. Schritt. Fragen für die Gruppen: (1) Worin bestehen die falschen Sicherheiten des Volks? (2) Welches sind die Gegenargumente Jeremias, welches seine Drohungen und Appelle? Der 3. Schritt vertieft das, was in den Gruppen erarbeitet wurde: Schicksal und Prophetenamt Jeremias. (Kurzinformation und Plenumsgespräch).

(2) Sollen die Teilnehmer an der Gestaltung des Seminarabends noch stärker beteiligt werden, kann dies folgendermassen geschehen. 1. Schritt: Arbeit in Kleingruppen. Hier Sammeln von Jeremiaworten, die dem Teilnehmer bei der persönlichen Lektüre und dem Studium vor allem der Blätter C und E wichtig geworden sind. Jede Gruppe gibt das ihr wichtigste Jeremiazitat ins Plenum. 2. Schritt: Offene Besprechung einiger Worte im Plenum, Vertiefung. Anschliessend Kurzinformation des Leiters zur Theologie des Jeremia. 3. Schritt: Lesen von Klagegedichten Jeremias (s. Lektionsvorschlag 3. Schritt) in Halbgruppen oder Plenum. Zwiegespräch mit Jeremias persönlichen Aussagen in der Form eines Stummen Gesprächs. Ev. Abschluss durch Leiter: Wo und wie sind hier Anklänge an Jesus zu finden?

Methodische Hinweise

Stummes Gespräch: Es erfolgt nach den Regeln, die in Lektion AT 5 - II 2 beschrieben sind. Bei der Jeremialektion könnte beispielsweise ein prägnanter Vers aus Jer. 15 oder 20 auf die Wandzeitung geschrieben werden und ev. als zusätzliche Besinnungshilfe (z.B. in 2 Rubriken) Sätze wie: "Das möchte ich dich (Jeremia) fragen, das möchte ich dir sagen.." Die Teilnehmer erhalten dadurch Gelegenheit, sich mit Auftrag und Schicksal des Propheten persönlich auseinanderzusetzen.

Verlaufsskizze

Dauer	Was?	Wie?	Womit?
5'	Einführung ins Thema Vorschau auf den Abend		
	1. Die Exilszeit nachempfinden - ihre geistige Verarbeitung erkennen		
20'	Israel im Exil	Hinweise des Leiters	
	Die Frucht einer schweren Zeit	Visualisieren - Politisch-religiöser Zusammenbruch Israels - Ebenen zeigen, auf denen sich die geistige Erneuerung vollzieht	Folie ev. vervielf. Blatt zuhd. der Teilnehmer
	2. Die innere Neugeburt am Beispiel Deuterojesajas mitverfolgen		
40'	Antworten des Glaubens auf die Not des Exils	Plenumsgespräch über die wichtigsten Momente der innern Erneuerung	AT 13 - A,D
	Deuterojesaja Leben und Botschaft	Information	
	3. Die Botschaft Jesajas erlebnishaft und nachdenkend aufnehmen		
	Jesaja 40,1-11	Arbeit am Bibeltext	
20'	- Hören und wirken lassen	a. Textlesung (Leiter, ev. Teilnehmer)	Vervielf. Bibeltext
		b. Arien und Chor aus dem "Messias" von Händel - anhören von Tonband oder Platte - in Stille nachklingen lassen	Tonband/Plattenspieler Verv. Blatt mit d. entsprechenden Texten aus dem "Messias" (Nr. 1, 2,3,18a)
40'	- Bibelwort reden lassen	c. Besprechung von Jes. 40 in Gruppen oder Plenum mit Dreischritt-Methode - Stille Lesung - Eindrücke mitteilen - Gespräch führen	Textblatt s.o.
10'		Schlussrunde: Wie wird dieser Text durch das Oratorium "ausgelegt"?	

Erläuterungen

Zum 1. Schritt

Es ist hier an eine Folie (oder Wandtafelbild) gedacht. Darstellung der geistigen Impulse, die aus dem Exil erwachsen sind und sich in der Bibel literarisch niedergeschlagen haben (s. Blatt A). 3 Dimensionen könnten im Schaubild festgehalten werden: (1) Die anthropologische (neuer Mensch durch Umkehr; Deuteronomist), (2) die theologische (neue Treue Gottes, zweiter Exodus, Gottesknecht; Deuterojesaja), (3) die kultische (neuer Tempel; Ezechiel).

Zum 2. Schritt

Das nun folgende Plenumsgespräch kann auch als Lehrgespräch geführt werden. Es ist seine Aufgabe, den Lesestoff der Lektion auf die Frage hin zu verarbeiten, was im religiös-theologischen Sinn im Exil aufgebrochen ist. In dieser Phase ist besonders auch Ezechiel einzubeziehen. Mit Deuterojesaja wird sodann das Beispiel eines Exilspropheten herausgegriffen, an dem das Neue dieser Botschaft und Existenz gezeigt werden kann.

Zum 3. Schritt

Die Bibelarbeit über Jesaja 40 soll in 3 Phasen erfolgen und diesmal stärker meditativen Charakter haben: (1) Textlesung im Plenum. (2) Anhören von 4 Partien aus Händels "Messias", die Jes. 40,1-11 "auslegen", mit anschliessender stiller Besinnung. (3) Erarbeitung des Texts unter Verwendung der Dreischritt-Methode.

Weitere Gestaltungsmöglichkeiten

(1) Die Botschaft Deuterojesajas kann auch auf andere Weise in die Seminararbeit einbezogen werden. In einem 1. Schritt werden - z.B. nach Anhören einiger Stellen aus dem "Messias" Händels im Plenum - in Kleingruppen prägnante Zitate aus Deuterojesaja zusammengetragen und ausgetauscht (Wo und wie haben sie uns angesprochen?). Danach ist als 2. Schritt ein Plenumsgespräch über die Botschaft des Propheten gedacht. Im 3. Schritt erfolgt, abschliessend, eine Information des Leiters über die Theologie Deuterojesajas, ev. mit Ausblick ins Neue Testament.

(2) Es lässt sich auch eine Lektion gestalten, in der Ezechiel stärker zu Wort kommt. Der 1. Schritt bietet beispielsweise einen Ueberblick über den geistigen Ertrag der Exilszeit, mit Plenumsdiskussion. Sodann kann im 2. Schritt, ev. auch mit Dreischritt-Methode, ein Ezechielstext besprochen und ausgewertet werden (z.B. 18,19-32; 36,16-28). Im 3. Schritt werden, nach knapper Einführung in die Botschaft Deuterojesajas, die bereits genannten Partien aus Händels "Messias" zu Gehör gebracht. Auch hier als Schlussrunde, ev. durch Zweiergruppen vorbereitet, die Frage im Plenum, welche Aussagen durch das Oratorium besonders zum Tragen kommen.

Methodische Hinweise

Dreischritt-Methode: Sie erlaubt einen stärker meditativen Zugang zu Texten. 3 Schritte sind dabei zu beachten. 1. Schritt: Die Gruppe sitzt im Kreis. Jeder liest den Text (Textblatt, Bibel) still für sich und macht sich Gedanken zum Gelesenen: Was löst der Text in mir aus, was fällt mir dazu ein, was wird mir persönlich wichtig? (7-10', ev. einiges notieren). 2. Schritt: Jedes Gruppenmitglied teilt, reihum, seine Gedanken mit. Es findet (noch) kein Gespräch statt. Schweigen gestattet (10'). 3. Schritt: Aufgrund der vorangegangenen Mitteilungen entwickelt sich ein Gruppengespräch. Behutsame Leitung, nicht direktiv (Beachtung der inhaltlichen wie der Gefühlsebene). Der Leiter unterstreicht lediglich Gemeinsamkeiten, Schwerpunkte und zeigt an, in welcher Richtung die Gruppe sich äussert.

Verlaufsskizze

Dauer	Was?	Wie?	Womit?
5'	Einführung Vorblick auf den Abend		
	1. Einwirkungen der Weltpolitik auf die Gemeinde aufzeigen		
20'	Die israelitische Gemeinde im Schatten der Weltmächte	Uebersicht durch den Leiter	
	Aufbauschritte der nachexilischen Gemeinde	Visualisierung im Plenum Verflechtungen mit dem damaligen Zeitgeschehen vereinfacht darstellen - Welche weltpolitischen Ereignisse? - Welche (pol. u. rel.) Führer in der Gemeinde? - Welche Aufbauschritte der Gemeinde? Rückfragen	Folie verv. Blatt (damalige Verhältnisse synoptisch dargestellt) Blatt A + C
	2. An Beispielen die nachexilischen Propheten verstehen lernen		
50'	Eindrücke aus nachexilischen Prophetentexten	Halbgruppen, Kleingruppen (ev. Plenum)	
	Jes. 60,1.19-20; 63,15-16; Hag. 2,6-9; Sach. 9,9-10; Mal. 2, 17 - 3,1.	- Welche Stelle beeindruckt mich am meisten? - Wie wird hier über die Heilsverheissungen geredet?	Blatt E
		a. Einzelarbeit b. Rundgespräch Vertiefung	Textblatt (Bibeltexte auf verv. Blatt synopt. dargestellt)
	3. Die Grundzüge nachexilischen Judentums darstellen und verstehen		
	Einige Wesensmerkmale des nachexilischen Judentums		
20'	- kennen lernen	Information durch den Leiter	Folie, ev. verv. Zusammenfassung
40'	- besprechen	Plenumsgespräch	

Erläuterungen

Zum 1. Schritt

Die politischen und religiösen Verhältnisse sind in diesem Zeitabschnitt relativ kompliziert. Es ist im 1. Schritt Aufgabe des Leiters, sie möglichst durchschaubar und überschaubar zu machen. Dazu kann eine synoptische Uebersicht helfen, die z.B. folgende 3 Rubriken nebeneinander stellt: (1) Zeitgeschichte mit Jahrzahlen (wichtigste Ereignisse vom Edikt des Cyrus bis zum Ende der persischen Zeit). (2) Geistliche und politische Führerpersönlichkeiten innerhalb der Gemeinde (z.B. Scheschbazzar, Prophetengestalten von Tritojesaja bis Maleachi; Serubbabel, Esra, Nehemia). (3) Aufbauschritte der Gemeinde (z.B. Heimkehr der Exulanten, Altarbau, Mauerbau, Predigt gegen Hoffnungslosigkeit, Gesetz des Himmelsgottes). Eine solche Zusammenschau kann als Hellraumfolie und/oder vervielfältigtes Blatt gestaltet sein. Besprechen und zu Rückfragen auffordern. Bezug auf die Blätter A und C.

Zum 2. Schritt

In der Gruppenarbeit sollen einige wichtige Prophetentexte miteinander verglichen werden. Die vorgeschlagenen Texte gehören zu den bekanntesten Stellen des AT, die z.T. auch Eingang gefunden haben ins NT. Es ist die Meinung des 2. Schrittes, sie vorerst auf den Teilnehmer persönlich wirken zu lassen, anhand dieser Stellen aber auch die Frage von Blatt E, 4 aufzunehmen und zu vertiefen. Im ersten Teil ist die Anwendung der Dreischritt-Methode möglich (s. AT 13 - II 2).

Zum 3. Schritt

Die Information im 3. Schritt erklärt die Grundzüge des nachexilischen Judentums, wie es aufgrund des Lesestoffs greifbar wird (Sabbat- und Speisevorschriften, Mischehenfrage, Bedeutung von Kult und Priestertum, zunehmende Absonderung usw.). Das Plenumsgespräch kann u.a. das Ziel haben, diese Elemente ganz allgemein im AT aufzufinden (z.B. Priesterschrift), von diesen Entwicklungen aus aber auch die Linie ins NT zu ziehen (Gesetzesfrömmigkeit, Pharisäerbewegung in der Zeit Jesu).

Weitere Gestaltungsmöglichkeiten

Da Jerusalem und der Gottesdienst in diesen Texten eine wesentliche Rolle spielen, kann die Lektion auch direkt von dieser Frage her angegangen werden. Im 1. Schritt Dreiergespräche und Plenum unter der Frage: Wie verstehen und erleben wir den Gottesdienst, welche Elemente sind für uns heute wichtig, unverzichtbar? Zusammentragen der Ergebnisse (Folie). Im 2. Schritt können aufgrund der gelesenen Texte zwei Linien im Gottesdienstverständnis erarbeitet werden: (1) Anhand von Tritojesaja (Jes. 60) und Sacharja (Kap. 4): Gottesdienst als Vertrauensverhältnis. (2) Anhand von Texten aus Esra-Nehemia: Gottesdienst als korrekter Tempeldienst. Gruppenarbeit, Vorstellung der Ergebnisse im Plenum. Eine Information mag im 3. Schritt diese Erkenntnisse vertiefen und die Linien ins NT und in die Zeit der christlichen Geschichte (und Gegenwart) ausziehen.

Verlaufsskizze

Dauer	Was?	Wie?	Womit?
5'	Einführung Vorstellung des Abends		
	1. Ueber die Wirkungsgeschichte des Danielbuches nachdenken		
30'	Daniel - ein Buch mit nachhaltiger Wirkung	In einer assoziativen Runde die Wirkung dieses Buches bedenken: - Was ist uns beim Lesen aufgefallen, ev. sonderbar vorgekommen? - Was ist uns bekannt vorgekommen, welche Bilder, welche Ausdrücke? - Wo haben wir Fragen? a. Dreiergespräche b. Plenum Sammeln der Ergebnisse	Blatt E, 1 Auf Folie schreiben, ev. zeichnen
	2. Am Beispiel des Buches Daniel die jüdische Apokalyptik kennenlernen		
30'	Grundzüge apokalyptischer Theologie	Information des Leiters im Anschluss an die vorausgehende Plenumsaussprache Rückfragen	Blatt D + E
	3. Durch Erzählen einzelne Geschichten vergegenwärtigen		
40'	Erzählen von Daniel-Geschichten Kap. 1+3 Kap. 5 Kap. 7	Arbeit in 3 Gruppen (je ein Text) a. Stille Lesung b. Zusammentragen wichtiger Erzählelemente in der Gruppe c. Vortragen der Erzählungen im Plenum d. Austausch der Eindrücke	
	4. Vertiefend über die Erzählungen nachdenken		
30'	Das Erleben des Apokalyptikers - Unser Erleben heute	Plenumsgespräch und Zusatzinformationen des Leiters - Wie tröstet Daniel seine Glaubensgenossen? - Wie können wir heute getröstet werden?	

Erläuterungen

Zum 1. Schritt

Die Seminargruppe soll einleitend angeregt werden, über die Wirkungsgeschichte des Danielbuches nachzudenken. Die Gestalt Daniels steht vielen (z.B. aus der Sonntagsschule) plastisch vor Augen. Einzelne der apokalyptischen Bilder sind auch in unsern Sprachgebrauch eingegangen (tönerner Koloss, Schrift an der Wand, Menschensohn). Dem gilt es im 1. Schritt assoziativ nachzugehen, am besten in Kleingruppen. Auswertung und Vorstellung der Ergebnisse im Plenum.

Zum 2. Schritt

Es ist nötig, anhand des Danielbuches die jüdische Apokalyptik in ihren Grundzügen darzustellen (s. Blatt D). Die Tatsache, dass sie später für das NT bedeutsam wird, rechtfertigt eine so gestaltete Information. Dabei mag der Leiter Fragen aus der offenen Gesprächsrunde (im 1. Schritt) aufnehmen und die Grundelemente des apokalyptischen Weltbildes schildern.

Zum 3. Schritt

Da wir es bei Daniel wiederum mit einem zusammenhängenden Erzählstoff zu tun haben, kann es sinnvoll sein, dieses Potential in der Gruppen- und Plenumsarbeit auszunützen und die Teilnehmer zum gegenseitigen Erzählen der Danielgeschichten anzuregen. (Am Erzählen im Plenum beteiligen sich womöglich alle Gruppenmitglieder).

Zum 4. Schritt

Es wird in diesem Schritt angezeigt sein, das Wesen der Apolkalyptik zu erklären und sich mit ev. Missdeutungen auseinanderzusetzen. Ziel ist zu zeigen, dass der Apokalyptiker seine Zeitgenossen tröstet. Aufnahme der Eindrücke und Fragen aus dem 3. Schritt. Darstellung der theologischen Substanz des Buches Daniel.

Weitere Gestaltungsmöglichkeiten

(1) Variante zum Lektionsvorschlag. Die Apokalyptik kann auch so verständlich gemacht werden, dass (nach einem unveränderten 1. Schritt) in Gruppen oder Plenum ein Textvergleich vorgenommen wird. In dem Sinn liegen im 2. Schritt den Teilnehmern verschiedene alttestamentliche Texte vor (Folie, Arbeitsblatt): Geschichtlicher Text, Lied, Prophetenwort, apokalyptischer Text. Im Gespräch werden wichtige Elemente des apokalyptischen Denkens erarbeitet. Im 3. Schritt folgt sodann eine vertiefende Information durch den Leiter.

(2) Vielleicht hat der Leiter das Bedürfnis, in Verbindung mit der letzten alttestamentlichen Lektion eine Auswertung des ersten Seminarteils vorzunehmen. Dies kann im Anschluss an die Schritte 1 und 2 des Lektionsvorschlags geschehen. Danach würde der 3. Schritt eine Wandzeitung vorsehen, auf der (in 2 Rubriken) die positiven und kritischen Eindrücke notiert werden, die bei der Studienarbeit zuhause (Lektionsmaterial) und an den Seminarabenden (im Blick auf deren Gestaltung) gewonnen worden sind. 4. Schritt: Besprechung einiger Schwerpunkte der Wandzeitung (Plenum). Gemeinsame Ueberlegung, was im neutestamentlichen Seminarteil anders (besser) gemacht werden kann.

LEKTIONEN NEUES TESTAMENT

Verlaufsskizze

Dauer	Was?	Wie?	Womit?
10'	Begrüssung Einführung in den NT-Teil des Seminars		
	1. An einem Textbeispiel literarische Zusammenhänge entdecken		
40'	Synoptischer Vergleich von Mark. 4,35-41 und Mat. 8,18-27	Arbeit im Plenum (ev. Halbgruppe) Fragen - Wo finden sich gleichlautende Aussagen? - Wo weichen die Texte voneinander ab? a. Einzelarbeit b. Austausch im Plenum (ev. Lehrgespräch)	Verv. Blatt mit synoptischer Anordnung der 2 Texte Filzstifte farbig anstreichen ev. Beobachtungen auf Wandzeitung schreiben
20'	Vermutungen und Fragen	Gesprächsrunde im Plenum - Was können wir entdecken? - Welche Fragen lösen die Beobachtungen aus?	
	2. Die Eigenart der Evangelienüberlieferung theologisch erläutern		
45'	Die Geschichte der Sturmstillung Der Weg von Markus zu Mattäus	Information durch den Leiter (Material aus dem synopt. Vergleich, s. oben) Gesprächsrunde im Plenum - Welche Einsichten vermittelt diese Betrachtungsweise? - Welche Fragen löst sie aus? a. Kurze persönliche Besinnung b. Austausch im Plenum	Synoptisches Textblatt, s.o. Womöglich Folie
	3. Die Geschichte von der Sturmstillung für uns heute erzählen		
20'	Jesus im Sturm	Bilder des Malers Kees de Kort Zwischentexte - erzählende - interpretierende (dazwischen Stille)	Dia-Reihe

Erläuterungen

Zum 1. Schritt

Als Einstieg wird der synoptische Vergleich gewählt, der zum Lesestoff der Lektion gehört (B 2). Es empfiehlt sich, diese Arbeit im Plenum vorzunehmen, da die Kleingruppen mit dieser Aufgabe womöglich überfordert sind. Auf dem vervielfältigten Arbeitsblatt sind die synoptisch dargestellten Texte so angeordnet, dass gleichlautende Aussagen in beiden Evangelien auf gleiche Höhe zu stehen kommen und somit die Nachfolgeerzählung Mat. 8,19-22 als deutlich dazwischengeschaltet in die Augen springt. Den Teilnehmern wird vorerst Zeit gegeben, das Textblatt mit Farbstiften zu bearbeiten. Nachher folgt ein geführtes Gespräch (ev. Lehrgespräch), wobei die Ergebnisse u.U. auf einer Wandzeitung festgehalten werden. Daran schliesst sich eine offene Gesprächsrunde im Plenum an, in der erste Entdeckungen und Fragen zusammengetragen werden können.

Zum 2. Schritt

In seiner theologischen Information wird der Leiter erklären, wie die markinische Wundergeschichte bei Matthäus zu einer Nachfolgegeschichte umgewandelt wurde und was dieser Vorgang theologisch bedeutet. Im Plenum wird Gelegenheit geboten sein, den Ertrag einer solch vergleichenden Betrachtungsweise zu formulieren und zu diskutieren. Wichtig, dass dabei die kritischen Fragen der Teilnehmer im Sinn von E 1 aufgenommen werden.

Zum 3. Schritt

Mit der Dia-Serie (Kees de Kort: Jesus im Sturm, Zeichnungen, in: Was uns die Bibel erzählt, Verlag Deutsche Bibelgesellschaften) ist die Möglichkeit gegeben, von der kognitiven Ebene in die erlebnishafte überzutreten und die einzelnen Bilder auf den Teilnehmer wirken zu lassen. Der Leiter mag zu jedem Bild einen Kurzkommentar sprechen, der in 1-2 Sätzen die gemalte Szene nacherzählt und (nach einer angemessenen Stille) einige interpretierende Worte hinzufügt, die die Szene in unsere gelebte Gegenwart stellen - eine selbstgefertigte Tonbildschau.

Weitere Gestaltungsmöglichkeiten

(1) Variante zum Lektionsvorschlag. 1. Schritt unverändert. 2. Schritt: Persönliches Gespräch (Zweier- oder Dreiergruppen und Plenum) in der Richtung der Frage E 3. Damit soll aufgezeigt werden, inwiefern verschiedene "Lesarten" neutestamentlicher Geschichten für unsern aktuellen Glauben bedeutsam sind. Anschliessend, im 3. Schritt, theologische Information und Diskussion.

(2) Einstieg: Gespräch zu Fragen in der Richtung von E 1 (Kleingruppen, nachher Plenum). Was ist uns am Lektionsmaterial hilfreich, allenfalls auch fremdartig vorgekommen? Das Gespräch kann bereits in Ansätzen deutlich machen, in welcher Zielrichtung wir das NT lesen wollen. Als 2. Schritt folgt ein synoptischer Vergleich von Mat. 5,3ff mit Luk. 6,20ff (ähnliches Vorgehen wie im Lektionsvorschlag), dem sich im 3. Schritt eine theologische Information (und Diskussion) anschliesst.

(3) Vielleicht will der Leiter als Einstiegsphase zum NT-Teil des Seminars bereits erste Grundfragen zum Neuen Testament diskutieren. Er kann dies im 1. Schritt mit einem Gruppen- und Plenumsgespräch tun oder auch mit einem Rundgespräch, dem z.B. eine stille Besinnung vorausgeht. Fragerichtung: Was hat mir das Neue Testament bisher bedeutet, was ist mir daran neu gegenüber dem AT? Was erwarte ich von der Lektüre des NT? Hieran können sich Gedanken zur tragenden Substanz des NT anschliessen. Als 2. Schritt kleine Uebung in Gruppen: Wie haben die ersten Christen in ihren Gottesdiensten (z.B. in der Predigt) von Jesus und seiner Auferstehung geredet? 3. Schritt: Bibelarbeit zu 1. Kor. 15 oder Phil. 2 mit vertiefender theologischer Information.

Methodische Hinweise

Kommentierte Dia-Reihe: Zur Veranschaulichung von biblischem Erzählstoff stehen, besonders im NT, vorzügliche Dia-Reihen zur Verfügung. Sie lassen sich mit Gewinn dort einsetzen, wo dem Teilnehmer die aktuelle Bedeutung der Texte nahegebracht werden soll. Eine Kommentierung der Dias ist oft erwünscht. Sie kann auf verschiedene Weise geschehen: (1) Der Leiter spricht begleitende Worte und lässt dem Teilnehmer Zeit, in der Stille eigene Gedanken hinzuzufügen. (2) Die Teilnehmer werden ermuntert, ihre Eindrücke zu den Bildern in kurzen Sätzen oder Stichworten zu äussern. (3) Die Teilnehmer formulieren im voraus, d.h. in Gruppenarbeit, kommentierende Texte zu den Bildern und tragen diese nachher im Plenum vor, ev. unter Einbezug von Musik.

Rundgespräch: Es ist von der Diskussion zu unterscheiden. Im Rundgespräch äussern sich die Teilnehmer zu Gedanken, Eindrücken und Erlebnissen. Jeder Teilnehmer gibt - womöglich reihum; freilich ohne Zwang, sich aussprechen zu müssen - seinen persönlichen Beitrag, wobei er nicht auf den Vorredner eingehen muss. Der Leiter hat bei dieser Gesprächsform eine zurückhaltende Aufgabe. Er soll die Voten weder ordnen noch zusammenfassen. Allerdings kann er den einen oder andern Gedanken unterstreichen, um damit zum nächsten Schritt überzuleiten.

Verlaufsskizze

Dauer	Was?	Wie?	Womit?
5'	Einführung Vorstellung des Abends		
15'	Lösungen zum Kreuzworträtsel austauschen		Kreuzworträtsel (s. Blatt E) ev. auf Folie od. Wandzeitung
	1. Einige persönliche Leseeindrücke festhalten		
10'	Persönlich Eindrückliches im Markusevangelium	Gruppenarbeit nach Methode 66 - Jeder teilt einen wichtigen Leseeindruck mit (Stichwort, ev. knappe Erzählung einer Szene) - Kurzes Gespräch	
	2. Die Botschaft des Markus an einem Textbeispiel kennen lernen		
60'	Jesus und die lebensbedrohenden Mächte Bibelarbeit zu Markus 9,14-29	Erzählen der Geschichte im Plenum (Leiter, ev. Teilnehmer) Textarbeit in Gruppen	
		Beobachtung der verschiedenen in Mark. 9 vorkommenden Personen: - Wie erleben sie die Bedrohung? - Wie erleben sie die Hilfe Jesu? a. Einzelarbeit b. Austausch in der Gruppe	Bibel Verv. Textblatt mit eingedruckten Fragen
		Zusammentragen der Ergebnisse im Plenum: Die Botschaft dieses Textes	Wichtige Stichworte auf Papierbogen
	3. Das Markusevangelium in seiner theologischen Eigenart erfassen		
45'	Markus und seine Gemeinde	Information durch den Leiter Rückfragen Diskussion	

Erläuterungen

Einführend können, vor dem 1. Schritt, die Lösungen zum Kreuzworträtsel (s. Blatt E) ausgetauscht werden. Vielleicht regt eine Stoffverarbeitung auf dieser (spielerischen) Ebene die Teilnehmer an, später selber etwas Aehnliches zu versuchen.

Zum 1. Schritt

Da in den Lektionsblättern (E 1) nach persönlichen Eindrücken gefragt wird, sollen solche eingangs kurz bekanntgegeben werden, vielleicht als inhaltliches Stichwort, ev. als knappe Skizzierung einer Begebenheit aus dem Mark.-Ev. Auf diese Weise kann der Lesestoff bei den Teilnehmern zusätzlich gefestigt werden.

Zum 2. Schritt

Die Bibelarbeit zu Markus 9,14-29 ist auf das Stichwort Bedrohung-Hilfe ausgerichtet. Der Text eignet sich vorzüglich zum Erzählen (im Plenum). Ev. können sich in der Gruppenarbeit einzelne Teilnehmer mit bestimmten Personen im Text befassen bzw. identifizieren (Jünger, Vater, Knabe) und aus dieser Sicht ihren Beitrag ins Gruppengespräch einbringen. In einer abschliessenden Plenumsrunde werden die Ergebnisse - ev. aufgrund der zwei Fragen in zwei Rubriken auf eine Wandzeitung notiert - ausgewertet und durch den Leiter vertieft.

Zum 3. Schritt

Es ist gedacht, dass der Leiter in seiner theologischen Information aufzeigt, wie die Botschaft des Mark.-Ev. auf die Situation der damaligen Gemeinde bezogen ist. Dieser Aspekt wird vermutlich Stoff bilden zur nachfolgenden Diskussion und die Brücke schlagen zur Aktualisierung.

Weitere Gestaltungsmöglichkeiten

(1) Variante zum Lektionsvorschlag. Sie zielt dahin, den 1. Schritt auszubauen und demgemäss auch den 2. anders zu gestalten. Für die Einstiegsphase ist jetzt eine ausgedehntere Gruppenarbeit vorgesehen (20'), die die geäusserten Eindrücke gesprächsweise bereits vertieft. In einem 2. Schritt werden die Stichworte aus den Gruppen in ein Plenumsgespräch eingebracht, wobei der Leiter sie ins Ganze des Mark.-Ev. einordnet (auf Wandzeitung, etwa analog dem Uebersichtsraster von Blatt C). Anschliessend kann in einer weiteren Plenumsrunde das Konzept des Markus mit der Seminargruppe besprochen werden. Vertiefung durch die theologische Information im 3. Schritt.

(2) Weitere Variante zum Lektionsvorschlag. Dabei hat die Bibelarbeit zu Markus 9 mehr Gewicht. Bereits der 1. Schritt wird dazu benützt, durch dramatisches Lesen (s. hiezu AT 6 - II 2), das in Gruppen vorbereitet wird, dem Plenum die Geschichte plastisch vorzutragen. In einem ausgebauten 2. Schritt kann Gruppenarbeit mit Plenumsarbeit folgendermassen verbunden werden: Je eine Kleingruppe befasst sich mit einer bestimmten Person in Markus 9. Die Ergebnisse werden im Plenum sodann zusammengetragen und diskutiert. (Weitere Gestaltungsmöglichkeiten hiezu bei Steiner/Weymann, Wunder Jesu, S. 104ff).
3. Schritt gemäss Lektionsvorschlag.

Methodische Hinweise

Methode 66: Sie hat ihren Namen von dem einfachen Vorgehen, wonach man eine Gesamtgruppe in je 6-er-Gruppen aufteilt, die während 6 Minuten (daher 6x6) eine Sachfrage besprechen oder eine gestellte Aufgabe lösen. (In einer kleineren Gesamtgruppe werden oft auch bloss 3-er-Gruppen gebildet). Vorteile: Die Gruppen müssen nicht dislozieren; es lassen sich Teilaufgaben in kurzer Zeit lösen. Durch das Gesprächsgeräusch (deshalb nennt man diese Methode auch "Bienenkorb") stören sich die Gruppen gegenseitig nicht, sie schirmen sich im Gegenteil gegeneinander ab.

Identifikationsmethode: Es lässt sich mit Bibeltexten oft so arbeiten, dass ein Gruppenmitglied oder eine ganze Gruppe sich mit einer bestimmten biblischen Person identifiziert. Die gestellte Aufgabe lautet dann, von dieser Person her zu fragen und sich in ihr Erleben einzufühlen. Dadurch können nicht nur wichtige Einsichten zu Tage gefördert werden, es wird so auch eine Brücke zu unserer eigenen Situation und Erfahrung geschlagen.

Lösung des Kreuzworträtsels:

Verlaufsskizze

Dauer	Was?	Wie?	Womit?
5'	Blick auf die Gestaltung des Abends		
	1. Ueber Eigenart und Bedeutung der Botschaft des Matthäus informieren		
20'	Matthäus und sein Evangelium	Information (Leiter) als knapper Ueberblick	ev. mit Folie visualisieren
	2. Am Beispiel der Antithesen die Ethik Jesu verstehen lernen		
	"Ich aber sage euch.." Textarbeit an einer der 6 Antithesen (Mat. 5,21-48)	Gruppenarbeit (jede Gruppe wählt eine der 6 Antithesen aus) mit anschliess. Plenumsgespräch - Was löst der Text bei uns aus? - Wo sind unsere Verstehensschwierigkeiten?	Textblatt mit den 6 Antithesen (auf 1 Blatt, synopt. dargestellt, nach GN)
30'		a. Gruppenarbeit Dreischrittmethode . Stille Besinnung . Rundgespräch . Sammeln von Gedanken und Fragen	Fragen auf Papierbogen notieren (für Plenum)
20'		b. Plenum Bearbeitung der Fragen, die sich stellen (Gespräch mit dem Leiter)	
	3. Ein theologisches Zwiegespräch mit der Ethik d. Bergpredigt führen		
50'	Sind die Forderungen der Bergpredigt erfüllbar? Fragen und Antworten in Geschichte und Gegenwart	Information und Plenumsgespräch a. Verschiedene theologiegeschichtl. Positionen (Leiter) b. Versuch einer Auseinandersetzung mit ihnen - Wie sehen wir diese Antwortmöglichkeiten? - Wo stehen wir selber? (ev. Lehrgespräch)	
10'	4. In den Geist der Bergpredigt eindringen		
	Die Seligpreisungen beten Mat. 5,3-12	Responsorische Lesung - Einzelner - Gesamtgruppe (ev. Halbgruppen abwechsl.weise im Chor) Meditative Art der Lesung Stille. Ev. Musik	Bibel Textblatt

Erläuterungen

Der Lektionsvorschlag versucht, einen gewichtigen Schwerpunkt bei der Bergpredigt zu setzen und anhand dieser Texte in die Ethik Jesu einzuführen.

Zum 1. Schritt

Es ist bei dieser Akzentsetzung besonders wichtig, dem Teilnehmer einen Ueberblick über das Ganze des Matthäusevangeliums zu verschaffen, d.h. über dessen Verfasserschaft, Adressaten und theologische Grundlinien. Mit einer Folie mag die literarische Abhängigkeit von Markus gezeigt werden.

Zum 2. Schritt

Als Arbeitsbeispiel werden für den 2. Schritt die Antithesen von Mat. 5,21-48 vorgeschlagen. Ziel soll sein, in Gruppenarbeit eine der 6 Thesen zu überdenken. Es wird schon genügen, wenn die Gruppen die jeweils entscheidenden Fragen formulieren und notieren (Radikalisierung der Gebote, Erfüllbarkeit der Forderungen etc.). Diese Fragen sollen in einem anschliessenden (ev. straff geführten) Plenumsgespräch schärfer herausgearbeitet und vertieft werden.

Zum 3. Schritt

Es ist in diesem Schritt Aufgabe des Leiters, den Teilnehmern Einblick in die Auslegungsgeschichte der Bergpredigt zu geben. Welche Positionen sind hier im Lauf der Theologiegeschichte bezogen worden? (Kirche des Mittelalters, Sekten, Reformation, Neuzeit, z.B. Pazifisten, Quäker, rel. Sozialisten, dialektische Theologie u.a.m.). Die Teilnehmer werden spüren, wie aktuell diese Antworten sind, und können durch den Leiter angeregt werden, gleichsam im "Zwiegespräch" mit diesen Positionen ihre eigene Antwort zu suchen.

Zum 4. Schritt

Abschliessend soll ein ganz anderer Akzent gesetzt werden. Die Seligpreisungen sind eines der grossen Gebete der Christenheit. Es soll dieser Gebetskraft nachgespürt werden, indem die Seligpreisungen, vielleicht unter Zuhilfenahme eines Arbeitsblattes, responsorisch gelesen werden und so der Eindruck gestärkt wird, dass wir es bei der Bergpredigt nicht mit dem Gesetz, sondern dem Evangelium zu tun haben.

Weitere Gestaltungsmöglichkeiten

(1) Variante zum Lektionsvorschlag. Der 3. Schritt könnte sehr wohl als formell geführtes "Zwiegespräch" gestaltet werden. Ev. kann jemand beigezogen werden, u.U. ist auch ein Gruppenmitglied bereit, diesen Teil im dialogischen Sinn mit dem Leiter vorzubereiten. Es könnte dann, im Stil eines Interviews, nach der Realisierbarkeit und Lebbarkeit der Gebote Jesu gefragt werden, vor allem aber nach den Antworten der Theologiegeschichte und ganz allgemein nach der Wirkungsgeschichte der Bergpredigt.

(2) Weitere Variante zum Lektionsvorschlag. Ausbau des 1. Schrittes. Zusammenfassung der Schritte 2+3 in eine einzige Einheit: Geführtes Plenumsgespräch über eine ausgewählte Antithese, wobei die Beobachtungsfragen zum Text in kurzen Gruppengesprächen im Sinn der Methode 66 bearbeitet und die Ergebnisse ins Plenum eingebracht werden können. Eine offene Diskussion mit der Seminargruppe mag sodann hinführen zu einer Information über die Auslegungsgeschichte.

(3) Als Textbeispiel kann, anstelle der Bergpredigt, ein für Matthäus typisches Gleichnis ausgewählt werden, z.B. die Geschichte von den Arbeitern im Weinberg (Mat. 20,1-15). Um der Bergpredigt dennoch Gewicht zu geben, müsste der 1. Schritt in dem Sinn erweitert werden. Schritt 2 ist sodann als ausführliche Bibelarbeit gestaltet: (a) Erzählen des Gleichnisses. (b) Assoziationen von ähnlichen Erfahrungen heute (Dreiergruppen), z.B. im Bereich von Gelingen/Misslingen. (c) Beobachtungen am Text (Gruppen und Plenum): Welche Erfahrungen machen die (zuerst bzw. zuletzt angestellten) Arbeiter; was bedeuten diese Erfahrungen? Widerspruch von menschlicher Erwartung und göttlicher Antwort. (S. auch Steiner/Weymann, Gleichnisse Jesu, S. 179ff). Zusammenfassung theologischer Grundgedanken dieses Evangeliums im 3. Schritt: Reich Gottes bei Matthäus.

Methodische Hinweise

Dreischritt-Methode im Plenum: Diese Methode, die sonst vorzüglich in der Gruppe Anwendung findet (s. hiezu AT 13 - II 2), lässt sich auch mit gezielter Arbeit im Plenum verbinden. Dann hat der letzte Schritt im Gruppengespräch die Bedeutung, Impulse und Fragen für das Plenum zu sammeln. Diese Kombination ist zu empfehlen, wenn im letzten Schritt des Gesprächs ein Fachbeitrag gefordert ist, der von den Gruppenmitgliedern nicht geleistet werden kann.

Verlaufsskizze

Dauer	Was?	Wie?	Womit?
5'	Einführende Worte		
10'	Kontrollfragen im Blick auf den Wissensstoff		s. E 2
	1. Den Evangelienverfasser Lukas und seine Intention vorstellen		
20'	Lukas - Geschichtsschreiber und Theologe	Kurzinformation durch den Leiter	ev. Folie
	2. Anhand der Zachäus-Geschichte wesentliche Einsichten gewinnen		
	Bibelarbeit zu Lukas 19, 1-10	Verschiedene Arten der Texterarbeitung: Plenum, Kleingruppen, Halbgruppen	
30'	Zachäus - wie er lebt und seine Mitmenschen erlebt	Erzählung der Geschichte im Plenum (Leiter, Teiln.) Kleine Gruppen und Plenum - Bezugspersonen des Zachäus nennen - ihr Verhältnis zum Zöllner schildern	
		a. Kleingruppen, Meth. 66 (Bezugspersonen auffinden, kurzer Austausch)	verv. Blatt mit Bibeltext
		b. Plenum (Ergebnisse mitteilen, aufschreiben, diskutieren)	auf Papierbogen aufzeichnen
40'	Die Begegnung des Zachäus mit Jesus	Stummes Gespräch in Halbgruppen, ev. Plenum a. Stille Lektüre (Text) b. Stummes Gespräch . Ueberlegen, was wir zu (bzw. über) Jesus und Zachäus sagen möchten	
		. Gedanken, Sätze, Fragen (dir.Rede) notieren	Wandzeitung (Rubriken: Jesus/ Zachäus)
		c. Auswertung Was ist uns aufgefallen? (bei Jesus, b. Zachäus)	
	3. Von diesen Eindrücken her die Theologie des Lukas entwickeln		
30'	Das Heil im Heute (19,9) Grundlinien des Evangeliums nach Lukas	Information (Leiter) Rückfragen	

Erläuterungen

Es soll eingangs auf die Möglichkeit hingewiesen werden, den Lesestoff - durch ein kurzes Gespräch oder einige Fragen - gezielt in Erinnerung zu rufen. Der Leiter wird Wege finden, dies ab und zu und (hoffentlich) auf unbeschwert-heitere Art zu tun.

Zum 1. Schritt

Bei der Vorstellung der Person des Lukas kann betont werden, in welchem Sinn dieser Evangelist Geschichtsschreiber, ja Geschichtsforscher ist. Die literarische Abhängigkeit mag wiederum durch eine Folie dargestellt werden. Von der Botschaft des Lukas her soll bereits der Bogen zur Apostelgeschichte geschlagen werden (das Evangelium will alle Menschen erreichen, daher Weg des Evang. von Jerusalem nach Rom).

Zum 2. Schritt

Textlicher Schwerpunkt ist die Zachäus-Geschichte. Es drängt sich fast auf, sie zu erzählen, womöglich durch einen Teilnehmer. Dann mögen sich die Seminarteilnehmer, in Kleingruppen, in die beteiligten Personen (ausgenommen Jesus) hineindenken: Mit wem verkehrt Zachäus? In welcher Beziehung stehen die Menschen in dieser Geschichte (Bewohner von Jericho, Zöllnerkollegen, ansässige Juden, Pharisäer, Jesusjünger) zu Zachäus? Dies lässt sich in einem nachfolgenden Plenumsgespräch auf Papier aufzeichnen (Zachäus in der Mitte, sternförmig zu ihm die Bezugspersonen, jeweils ein Stichwort bei jeder Person). Auf diese Weise kann die Isolierung des Zöllners und, im Kontrast dazu, das Ereignis der Annahme durch Jesus erkannt werden.
Die Begegnung Jesus-Zachäus soll anschliessend in einem Stummen Gespräch (s. hiezu AT 12 - II 3) herausgearbeitet werden (Halbgruppen, ev. Plenum). Die Gruppe sitzt im Halbkreis vor Papierbogen mit den Stichworten Jesus-Zachäus. Die Teilnehmer halten stille Zwiesprache mit diesen Personen und notieren, was sie zu der einen und andern Person sagen möchten (womöglich direkte Rede): Gedanken, Beobachtungen, Fragen. Dabei können auch Aussagen anderer Teilnehmer unterstrichen oder mit Zusatzfragen versehen werden. Nachher Verarbeitung in einem offenen Gespräch: Was fällt uns auf, was ist passiert? Wie begegnet Jesus dem Zöllner? Was geht in Zachäus vor? Welches ist die Hauptaussage dieser Erzählung?

Zum 3. Schritt

Die Zachäus-Geschichte liefert genügend Stoff - die Liebe Jesu erreicht die Randsiedler, das Heil ereignet sich im Heute -, um von da aus die Grundlinien des Lukasevangeliums zu skizzieren (Heil, Heiland der Welt, Heute des Glaubens). Gesprächsweise mögen die Teilnehmer selber ähnlich gelagerte Texte (Weihnachtsgeschichte!) nennen.

Weitere Gestaltungsvorschläge

(1) Variante zum Lektionsvorschlag. Der bereits genannte Künstler Kees de Kort (s. NT 1 - II 1f) hat die Geschichte Lukas 19,1-10 eindrücklich gezeichnet ("Zachäus" in: Was uns die Bibel erzählt); sie ist als Dia-Serie erhältlich und eignet sich vorzüglich als Einstieg in die Bibelarbeit, (nach unverändertem 1. Schritt) im 2. Schritt. Die Dia-Reihe wird als ganze vorgeführt. Nachher wird die Seminargruppe aufgefordert, die Bilder bei einem zweiten Durchgang unter der Frage zu betrachten: Was fällt mir auf, was ist mir besonders eindrücklich? In der nachfolgenden Gruppenarbeit werden als erstes diese Eindrücke ausgetauscht. Nachher wird der Text in Stille gelesen; anschliessend Gruppengespräch über die dabei gemachten Beobachtungen. Diese werden sodann im Plenum verarbeitet. 3. Schritt unverändert.

(2) Weitere Variante zum Lektionsvorschlag. Bei unverändertem 1. Schritt können die Schritte 2+3 folgendermassen gestaltet werden: Als Einstieg zur Bibelarbeit über Lukas 19,1-10 wird in einer Plenumsrunde in Dreiergruppen (Methode 66) die Frage besprochen: Wo und wie erfahren wir in unserem Leben Angenommensein/Nichtangenommensein? Von dieser Frage her wird womöglich die ganze Serie de Kort gezeigt, die bei einem einzigen Bild (z.B. Jesus unter dem Baum, im Gespräch mit Zachäus) stehen bleibt, im Sinn einer kurzen Bildbetrachtung. In derselben Fragerichtung wird sodann in Gruppen am Text gearbeitet. Im 3. Schritt kann der Leiter die Grundlinien des Lukasevangeliums in dieser Zuspitzung entfalten: In Jesus erfahren Menschen das Angenommensein durch Gott.

(3) Der Abend beginnt mit einem Plenumsgespräch (vorbereitet durch Dreiergruppen nach Methode 66): Wenn wir in zwei,drei Stichworten die christliche Botschaft zusammenfassen müssten, wie würden wir das tun, was wäre uns wichtig? (Allumfassende Liebe, Gott ist bei uns). In einer weiteren Gesprächsrunde wird auf die Lektüre des Lukasevangeliums unter der Frage Rückschau gehalten: Wo und wie finden wir im dritten Evangelium solche Elemente? Im 2. Schritt erfolgt eine Information über Verfasserschaft und Gehalt des Lukasevangeliums. Der 3. Schritt kann als Gespräch gestaltet werden: Welches sind aus dieser Sicht die wichtigen Grundmotive eines christlichen Lebens? Es kann aber auch eine Bibelarbeit angeschlossen werden, z.B. zu Lukas 24,13-35 (ev. mit einem oder zwei Gestaltungselementen, wie sie sich bei Steiner/Weymann, Jesus-Begegnungen, S. 103ff, finden).

Methodische Hinweise

Bildbetrachtung: Bilder können auf vielfältige Weise (Kunstdruck; Poster, der mit nach Hause gegeben werden kann, usw) in die Arbeit mit Gruppen einbezogen werden. Man wird sie in der Regel nach drei Gesichtspunkten besprechen: Was ist zu sehen? Wie ist der Inhalt dargestellt? Was ist gemeint? Eine Dia-Betrachtung weist einige Vorteile auf: Die Bilder haben grosse Leuchtkraft; der verdunkelte Raum hilft zur Sammlung. Es ist gut, wenn der Leiter zwei,drei Stichworte oder Fragen in die Stille hineinspricht, in unserem Fall z.B.: Was erkenne ich auf dem Bild, was ist mir eindrücklich? Was kommt mir in den Sinn, wenn ich an die Eingangsfrage (Angenommensein/Nichtangenommensein) denke?

DAS JOHANNESEVANGELIUM

Verlaufsskizze

Dauer	Was?	Wie?	Womit?
5'	Einführung Vorblick auf den Abend		
	1. Die "Ich-bin"-Worte des Johannesevangeliums auf uns wirken lassen		
45'	Bilder malen zu zwei "Ich-bin"-Worten "Ich bin das Brot des Lebens.." 6,35 "Ich bin das Licht der Welt.." 8,12	Gruppenmalen a. Erläuterungen des Vorgehens (Leiter) b. Aufteilung in Kleingruppen. Jede Gruppe wählt ein Bildwort c. Malen als Gruppe - besprechen, was wie dargestellt werden soll - gemeinsam malen d. Bilder im Plenumsraum aufhängen	Tische für je 3-4 Personen Grossflächiges weisses Papier Kreiden
30'	Die Bilder gemeinsam zur Sprache bringen	1-2 Bilder ausführlich besprechen. Fragen: - Was sehen wir? - Wie deuten wir das Gesehene? - Wo erkennen wir Beziehungen zu den Bibelworten von Brot und Licht? a. Gespräch vor d. Bildern b. Hinweise des Leiters	Gemalte Bilder hängen an der Wand (oder liegen auf Tisch oder Boden)
	2. Schrittweise die wichtigsten Gedanken des Johannes-Ev. entfalten		
20'	Die Bedeutung der "Ich-bin"-Worte im Ganzen des Johannes-Ev.	Hintergrundsinformation durch den Leiter Rückmeldungen der Teilnehmer	
20'	Wichtige theologische Anliegen des Johannes-Ev.	Kurzreferat (Leiter)	
	3. Durch die "Johannes-Passion" Bachs dem 4. Evangelium näherkommen		
	"Es ist vollbracht!"		
15'	Teile aus der Johannes-Passion von J.S. Bach	Einführende Worte (Leiter, ev. Teilnehmer) Arien und Choral - ab Platte oder Tonband anhören - nachklingen lassen	Verv. Blatt mit d. Texten (Nr. 58-60) Tonband Plattenspieler

Erläuterungen

Zum 1. Schritt

Bei den "Ich-bin"-Worten des Johannesevangeliums haben wir es mit Bildworten zu tun. Sie sollen die Seminargruppe anregen, sich in diese Worte zu vertiefen, hineinzufühlen, und den dabei gemachten Entdeckungen Ausdruck zu geben. In dem Sinn wird für den 1. Schritt das sog. Gruppenmalen vorgeschlagen. Es arbeiten Kleingruppen von 3-4 Personen, je an verschiedenen Tischen bzw. Orten, wobei das Material durch den Leiter im voraus bereitgestellt wird. Die Gruppe hat die Wahl, entweder das Bildwort vom Brot oder dasjenige vom Licht auf grossflächigem Plakat bildhaft darzustellen. Wichtig: Die ganze Gruppe ist am Malen beteiligt. Die Bilder werden nachher im Plenum besprochen. In der ersten Runde äussern sich alle Teilnehmer zu der Frage, was sie in den Bildern sehen; erst nachher sagt die betr. Gruppe, welche Intentionen sie beim Malen hatte. Wahrscheinlich reicht die Zeit nicht, alle Bilder gleichermassen gründlich zu besprechen. Im Nachgespräch kann der Leiter Hinweise geben auf die Beziehungen der Bilder zu den biblischen Bildworten.

Zum 2. Schritt

Anschliessend wird der Leiter im 2. Schritt einige Hintergrundsinformationen vermitteln (Stellenwert der "Ich-bin"-Worte im Johannesevangelium, s. Blätter B+C). Dabei können, im Sinn von Rückmeldungen, die von der Gruppe im 1. Schritt erworbenen Erkenntnisse ins Plenumsgespräch eingebracht werden. Nachher soll das Gesamtanliegen des Johannes-Evangeliums kurz entfaltet werden.

Zum 3. Schritt

Der Abend findet einen besinnlichen Ausklang. Die Johannes-Passion Johann Sebastian Bachs eignet sich dazu, z.B. die vorgeschlagenen Teile, die von dem johanneisch zentralen "Es ist vollbracht" (s. Blatt D) ausgehen: Arie 58, Rezitativ 59, Arie 60 mit Chor. Der Leiter (oder ein Teilnehmer) mag einleitend in wenigen Sätzen auf den Text, der in der Hand des Teilnehmers sein sollte, hinweisen.

Weitere Gestaltungsmöglichkeiten

(1) Variante zum Lektionsvorschlag. Will der Leiter auf das Gruppenmalen lieber verzichten, so kann er den 1. Schritt sehr gut auch mit der Dreischritt-Methode gestalten (s. hiezu AT 13 - II 2). Diese eignet sich vorzüglich zur Besprechung kurzer und bildhafter Texte. Jede Gruppe befasst sich nur mit einem einzigen Bildwort (ev. alle mit demselben). Die Ergebnisse werden schriftlich oder mündlich in ein Plenumsgespräch eingebracht. Schritte 2+3 sind unverändert.

(2) Der Abend kann von einer der ausführlichen Erzählungen des Johannes-Evangeliums ausgehen, z.B. der Begegnung Jesu mit der Samariterin (Joh. 4). 1. Schritt: Gespräch (Kleingruppen) und Austausch (Plenum) über die Frage, wann und wie wir ein Gespräch als seelsorgerlich empfinden, welche Elemente hiefür nötig sind. Im 2. Schritt sodann ausführliche Bibelarbeit zu Joh. 4,1-28. Fragen: Welches ist der persönliche Hintergrund der samaritanischen Frau;

wie redet Jesus mit ihr; was ist die wichtigste Aussage in dieser Geschichte? 3. Schritt: Information über das Johannes-Ev., u.U. mit dem Blick auf die seelsorgerliche Dimension des vierten Evangeliums.

Methodische Hinweise

Gruppenmalen: Es dient der Vertiefung eines Stoffs und lässt die Gruppe auf eine andere als kognitive Weise aktiv werden. Man muss nicht malen können! Wenn der Leiter die Methode geschickt einführt, können allfällige Aengste schnell abgebaut werden. Malplätze lassen sich überall einrichten (verschiedene Räume, im gleichen Raum an verschiedenen Tischen bzw. Tischecken). Am besten verwendet man weisses Papier (ev. Packpapier) und Oelkreiden (ev. Wasserfarben). Jede Gruppe malt ein einziges Bild. Es ist wichtig, dass sich alle Gruppenmitglieder am Malen beteiligen. Zuerst wird sich die Gruppe etwas Zeit nehmen für das Thema: Was fällt uns dazu ein; was und wie wollen wir malen? Es kann gegenständlich oder abstrakt (symbolisch) gemalt werden. Die Zeichnungen werden der ganzen Teilnehmergruppe vorgestellt, indem die beteiligte Gruppe ihr Bild entweder am Anfang oder am Schluss erläutert. Das so geführte Gespräch soll als Einstieg zum Thema hinführen oder als persönliche Verarbeitung ein solches abschliessen.

Verlaufsskizze

Dauer	Was?	Wie?	Womit?
5'	Einführung. Blick auf den Verlauf des Abends		
	1. In Verarbeitung der Lektüre einige Merkmale der Kirche festhalten		
30'	Kennzeichen einer lebendigen Kirche	Gesprächsrunde im Plenum als Einführung ins Thema - Wie müsste Kirche eigentlich sein? - Was vermissen wir, wonach sehnen wir uns? a. Kleingruppen nach Methode 66 b. Einbringen der Impulse ins Plenum Aussprache	E 3+4
20'	Kirche, wie die erste Gemeinde sie lebt und sieht	Information durch den Leiter	ev. Textblatt zu Apg. 2,42-47
	2. Gemeinsam an einer "Theologie des hl. Geistes" arbeiten		
10'	Bibelstellen und Thesen zum hl. Geist in der Apg.	Einführung (Leiter)	
50'	Identifizieren und Aktualisieren im Textbereich Apg. 1-12	Gemeinschaftsarbeit der Gesamtgruppe - Wirkungen des Geistes in der ersten Gemeinde - Geistwirkungen heute a. Einzelarbeit b. Plenumsrunde Aussagen in Apg. auffinden und vergleichen c. Aussprache und Auswertung	Synoptisches Blatt (Rubriken: Geist damals/ Geist heute) Leere Felder zum Ausfüllen
20'	**3. Die Pfingstgeschichte hören und anhand eines Bildes meditieren**		
	Das Wunder, einander zu hören und zu verstehen	Erzählen der Pfingstgeschichte (durch Leiter, ev. Teilnehmer)	
	Apostelgeschichte 2,1-13	Bild- oder Diabetrachtung ev. Musik	Bild oder Dia z. Thema Pfingsten

Erläuterungen

Zum 1. Schritt

Was auf Blatt E (3+4) angeregt ist, soll am Abend gesprächsweise aufgenommen werden: Wie erleben wir Kirche heute, wie müsste Kirche, z.B. nach Apg. 2,42ff, sein? Es wird leicht möglich sein, in Klein(Dreier-)gruppen ein solches Gespräch in Gang zu bringen und seine Ergebnisse ins Plenum zu tragen. Der Aussprache schliesst sich eine Information des Leiters an, in der die Merkmale der Kirche knapp umrissen werden, womöglich anhand des genannten Textes.

Zum 2. Schritt

Es soll im 2. Schritt sodann eine Gemeinschaftsarbeit versucht werden, bei der die Teilnehmer möglichst zu aktivieren sind. Wir stellen sie vor die Aufgabe, eine "Theologie des hl. Geistes" (nach Lukas) zu erarbeiten. Der Leiter verliest - vorbereitet durch die Konkordanz bzw. das Theol. Wörterbuch - wichtige Stellen zum hl. Geist im Textbereich der Lektüre von NT 6 und spitzt sie auf zwei drei Thesen zu (z.B.: Der Geist macht sprachfähig, öffnet füreinander, führt zu neuen Aufgaben). Die Thesen finden sich in einem Arbeitsblatt (linke senkrechte Rubrik) aufgezeichnet, wobei die leeren Felder der mittleren und rechten Rubrik (Geist damals / Geist heute) vom Teilnehmer zunächst in stiller Arbeit auszufüllen sind. In einem straff geführten Plenumsgespräch werden die Ergebnisse mitgeteilt, ergänzt, vertieft. Die Aktualisierung der Textaussagen wird sich in vielen Stichworten niederschlagen (Gespräch, Pluralismus, Entdeckung der Gaben, Phantasie für Neues, Solidarität mit Fremden usw).

Zum 3. Schritt

Der Abend soll in einen besinnlichen Abschluss ausmünden, indem - als auffälligstes Textbeispiel - die Pfingstgeschichte im Plenum erzählt und hernach anhand eines Bildes oder Dias meditativ vertieft wird. Fragen: Was löst das Bild in mir aus; worin verstehe ich die Pfingstgeschichte jetzt besser; welchen Anstoss nehme ich mit nach Hause?

Weitere Gestaltungsmöglichkeiten

(1) Variante zum Lektionsvorschlag. Der Abend lässt sich mit einer ausführlichen Bibelarbeit zu Apg. 2,1-13 beginnen. (Beobachtungsaufgaben am Text, in Gruppenarbeit und Plenum: Was können wir feststellen; was berührt uns fremdartig; wie lässt sich der Text verstehen und in die Gegenwart übertragen?). Im Anschluss daran, als 2. Schritt, Information des Leiters zum Thema: Pfingsten, Geburt der Kirche. 3. Schritt unverändert.

(2) 1. Schritt: Kurze Erzählrunde mit Geschichten aus Apg. 1-12, die dem Teilnehmer eindrücklich geworden (bzw. in Erinnerung geblieben) sind. 2. Schritt: Bibelarbeit (z.B.) zu Apg. 8,26-40 mit Gewicht auf der Frage nach dem Ausbruch des jungen Christentums in die nichtjüdischen Bereiche (s. im Vergleich dazu auch Kornelius Kap. 10). Ergänzende Information des Leiters (ev. Einbezug von

Kap. 10). In einer Plenumsrunde im 3. Schritt Gespräch (ev. Thesenformulierung) zum Thema: Offene (pluralistische, ökumenische) Kirche.

Methodische Hinweise

Wortstatistik: Es lässt sich mit ihr auf verschiedene Weise arbeiten. Der statistische Wortbefund kann, wie im Lektionsvorschlag, der Gruppe mitgeteilt werden und sie zu einer präzise gestellten Aufgabe anregen. Denkbar ist auch, dass die Gruppe aufgrund des statistischen Befundes selbständig weiterdenkt und die Teilnehmer versuchen, z.B. einen Satz wie den folgenden zu ergänzen: "Im Geist wirken, heisst nach Apg. 1-12 ..." Einzelne Teilnehmer lassen sich auch ohne weiteres motivieren, in der Vorbereitung daheim die Konkordanz zu konsultieren und deren Ergebnisse der Seminargruppe mitzuteilen.

Verlaufsskizze

Dauer	Was?	Wie?	Womit?
5'	Eröffnung des Abends Blick auf die Gestaltung		
	1. Paulus auf seinen drei Missionsreisen folgen		
40'	Die Reiseroute in Wort und Bild vergegenwärtigen	Anhand einer blinden Karte die einzelnen Orte und Ereignisse kurz in Erinnerung rufen (Plenum) - Wo hat Paulus Halt gemacht? - Was hat er erlebt?	Folie Wandzeitung Wandtafel
		Bilder der wichtigsten Orte und Landschaften zeigen	Dias (archäologisch/ aktuell)
	Was die Apg. mit den Missionsreisen theologisch aussagen will	Kurzer Hinweis des Leiters	
	2. Die Biographie des Paulus aus den verschiedenen Quellen nachzeichnen		
60'	Das Lebensbild des Paulus - nach der Apostelgesch. - nach den Paulusbriefen	Gruppenarbeit an einigen Schwerpunkten der Biographie des Paulus laut Apg. (z.B. Bekehrung, Missionspredigt, Leiden) - Was ist erzählt? - Worauf wird besonderes Gewicht gelegt?	Bibel ev. verv. Blätter mit den Texten
		a. Einbringen der Ergebnissen in ein geleitetes Plenumsgespräch b. Gegenüberstellung der biographischen Daten der Apg. mit jenen der Paulusbriefe (Leiter, Kurzbeitrag jeweils nach Gruppenbericht) c. Gelegenheit z. Rückfragen	
	3. Eine besondere Eigenart der Apostelgeschichte kennen lernen		
30'	Wie die Apostelgeschichte Biographien erzählt (Petrus und Paulus)	Kurzinformation durch den Leiter Aussprache	

Erläuterungen

Zum 1. Schritt

Die Arbeit an der blinden Karte (im voraus vorbereiten, s. Karten in GN und ZB) ermöglicht es, den Lesestoff zu repetieren und durch knappe Zusatzinformationen zu ergänzen. Mit Bildern, die archäologische und aktuelle Eindrücke vermitteln, soll darüber hinaus die Anschaulichkeit verstärkt werden. Abschliessend mag der Leiter aufzeigen, was hinter den Missionsreisen, wie die Apg. sie darstellt, theologisch steckt (Schematisierung nach bestimmtem Muster, Typ der Missionspredigt, Wendung zu den Juden, nachher zu den Heiden).

Zum 2. Schritt

Es ist Ziel des 2. Schrittes, der Biographie des Paulus auf die Spur zu kommen. Wie ist sie in der Apg. berichtet? Wie erzählt sie Paulus in den eigenen Briefen selber? Die Einzelarbeit an den Texten der Apg. soll durch 3-4 Gruppen geleistet werden. Jeder Gruppe wird ein Stichwort und ein entsprechender Text zugeteilt (z.B. Bekehrung: 22,3-21; Missionspredigt: 18,1-17, ev. 17,16-34; Begegnung mit den Brüdern: 15,1-21; Leiden: 16,16-34). Die Ergebnisse werden schwerpunktweise im Plenum besprochen. Es ist sodann Aufgabe des Leiters, von den Paulusbriefen her zu den einzelnen Stichworten Zusatzinformationen zu vermitteln (am Beispiel Apostelkonzil: Hinweis auf Gal. 2 oder 1. Kor. 8 und 10; oder Gegenüberstellung von Bekehrung und Rechtfertigung: z.B. anhand von Apg. 22 und Phil. 3). Damit erfolgt bereits ein Vorblick auf die nun folgende Lektüre der Paulusbriefe (NT 8 ff).

Zum 3. Schritt

Eine abschliessende Information soll im 3. Schritt darlegen, was der Apg. bei der Schilderung ihrer Lebensbilder wichtig ist. (Im Sinn einer Zusammenfassung auch Einbezug von Petrus).

Weitere Gestaltungsvorschläge

(1) Variante zum Lektionsvorschlag. Wenn ein weiterer Mitarbeiter zur Verfügung steht, kann der 2. Schritt als eigentliches Interview-Gespräch mit dem Theologen gestaltet werden, das ev. auch über das Biographische hinausgeht. Der Befrager wird punktweise die wichtigsten Informationen der Apg. skizzieren und nach deren theologischer Verifizierung innerhalb der Paulusbriefe fragen.

(2) Einstieg mit einem ausgebauten 1. Schritt gemäss Lektionsvorschlag. Anhand der blinden Karte werden die Teilnehmer aufgefordert, zu einzelnen Stationen der paulinischen Missionsreisen aus der Erinnerung (ev. unter Beizug der Bibel) Eindrücke beizusteuern. Im 2. Schritt erfolgt, in Gruppen und Plenum, eine vergleichende Bibelarbeit (synoptischer Vergleich), z.B. Gegenüberstellung von Apg. 22 (ev. 9) mit Phil. 3 oder Apg. 15 mit Gal. 2 (synopt. Textblatt). Leitfragen: Was ist der Apg. speziell wichtig; was können wir daraus über ihre theologische Eigenart lernen; worauf legt Paulus in sei-

ner Selbstdarstellung Gewicht? 3. Schritt: Information des Leiters zum Thema: Missionsstrategie und Missionstheologie der Apostelgeschichte. (Ev. mit anschliessendem Gespräch über die Aufgabe der Mission, damals und heute).

Methodische Hinweise

Interview-Gespräch mit dem Theologen: Es wird anstelle eines theologischen Referats eingesetzt und geht im bekannten Interview-Stil vor sich. Falls kein Mitleiter vorhanden ist, lässt sich hiefür ev. auch ein Teilnehmer gewinnen. Er wirkt als Interviewer und formuliert (vorbereitete) Fragen zum betreffenden Thema oder Stoffkreis. Auf diese Weise kann eine Information wesentlich verlebendigt werden. Die Fragebereiche müssen im voraus abgesprochen werden. Das Gespräch soll spannend und flüssig sein. Nicht zu grosse Antwortblöcke. Es ist gut, wenn der Interviewer immer wieder nachfragt. Bei wichtigen Gesprächspunkten Plenum einschalten.

THESSALONICHERBRIEFE UND GALATERBRIEF

Verlaufsskizze

Dauer	Was?	Wie?	Womit?
5'	Einleitung Vorblick auf den Abend		
	1. Einen ersten Einblick in das paulinische Schrifttum vermitteln		
10'	Paulus im Spiegel seiner ältesten Briefe	Kurzinformation durch den Leiter	
	2. Von Einzeltexten her auf die Gemeindesituation zurückschliessen		
40'	Bibelarbeit zu Thessalonicher- und Galatertexten 1. Thess. 4,13 - 5,11 Galater 3,26 - 4,7 + 5,1-6	Arbeit in 2 Gruppen 1. Gruppe Thessalonichertexte 2. Gruppe Galatertexte Fragen - Welchen Problemen begegnet Paulus in dieser Gemeinde? - Wie antwortet er darauf? a. Stille Lektüre b. Austausch in der Gruppe	Verv. Blätter mit den Texten und eingedruckten Fragen
	3. Von den Texten her die beiden Briefe theologisch erschliessen		
	Eigenart und Unterschiedlichkeit der frühesten Paulusbriefe	Erarbeitung und Darstellung der Briefinhalte im Plenum	
40'	Der 1. Brief an die Thessalonicher	Vertiefung der Arbeit der 1. Gruppe - Ergebnisse aus der Gruppenarbeit. Berichte - Information zum 1. Thess. brief (Leiter) - Rückfragen	ev. auf Wandzeitung
40'	Der Brief an die Galater	Vertiefung der Arbeit der 2. Gruppe - Gruppenbericht - Information zum Galaterbrief (Leiter) - Aussprache	ev. auf Wandzeitung

Erläuterungen

Zum 1. Schritt

Es wird sich nahelegen, einleitend kurz zu zeigen, welchen Stellenwert die Briefe für Paulus und seine Gemeinden haben und von welcher Dringlichkeit die in Lektion NT 8 angeschnittenen Themen sind.

Zum 2. Schritt

Zwei getrennt arbeitende Gruppen können im 2. Schritt einen Beitrag zur inhaltlichen Erschliessung der Briefe leisten. Anhand der vorgeschlagenen Texte soll erspürt bzw. diskutiert werden, welche Schwierigkeiten in der Thessalonicher- und Galatergemeinde zum Auslöser der vorliegenden Briefe geworden sind. Dabei soll die Gruppe nicht nur die Fragestellung eruieren, sondern auch formulieren, was Paulus auf die Fragen antwortet. Wenn möglich sind die Gruppenergebnisse (Probleme/Antwort) auf einer Wandzeitung festzuhalten.

Zum 3. Schritt

Die Halbgruppen stellen im 3. Schritt ihre Ergebnisse dem Plenum vor. Aufgabe des Leiters ist es, von dieser Anknüpfung her das theologische Konzept des 1. Thessalonicher- und des Galaterbriefes zu entfalten. (Dabei wird der 2. Thess.brief vernachlässigt).

Weitere Gestaltungsmöglichkeiten

(1) Variante zum Lektionsvorschlag. Falls es dem Leiter stofflich zuviel ist, sowohl Thessalonicherbriefe wie Galaterbrief an einem Abend zu besprechen, kann sich die Bibelarbeit z.B. auch einseitig auf die Thessalonichertexte beschränken, entweder als Arbeit im Plenum oder in 2-3 Gruppen. 1. Schritt: unverändert. 2. Schritt: Bibelarbeit zu den Thessalonichertexten, wobei vorerst die Eigenarbeit der Seminargruppe in Plenum oder Gruppen zum Zug kommt; hernach Verarbeitung im Plenum. Daran mag sich im 3. Schritt ein Kurzreferat des Leiters zum 1. Thessalonicherbrief (ev. inkl. 2. Thess.) anschliessen. Es ist denkbar, die Information über den Galaterbrief kurz zu halten (oder auch zu übergehen), da die Thematik der Rechtfertigung aus Glauben oder Werken im Römberbrief (NT 10) ausführlich zur Sprache kommen wird.

(2) Sinnvoll ist freilich auch das umgekehrte Vorgehen. 1. Schritt: Ausführliche Information vor allem über die 2 Thessalonicherbriefe, ev. mit knappem Seitenblick auf den Galaterbief. Im 2. Schritt wird an einer typischen Galaterstelle, in Gruppen und Plenum, exemplarisch gearbeitet, z.B. Gal. 5,1-14. Ziel der Verarbeitung im Plenum: Der Freiheitsbegriff des Paulus. Der 3. Schritt kann hieran anschliessen und die Auswirkungen des paulinischen und reformatorischen Freiheitsverständnisses in unserer abendländischen Geschichte verfolgen. Oder der 3. Schritt wird, alternativ, als Gesprächsrunde (Zweiergespräche, Rundgespräch) zu der Frage gestaltet: inwiefern wir heute, persönlich und gesellschaftlich, in der Gesetzlichkeit befangen sind und wo und wie gerade das Zeugnis des Galaterbriefs höchst aktuell ist (s. Blatt E, 4).

Verlaufsskizze

Dauer	Was?	Wie?	Womit?
5'	Eröffnung des Abends Einführung in die Lektion		
	1. Einen Ueberblick über den Inhalt der Korintherbriefe vermitteln		
20'	Wie Paulus sich um seine angefochtene Gemeinde bemüht	Kurzinformation durch den Leiter	
	2. Das Gespräch des Paulus mit den Korinthern aufleben lassen		
50'	Ein Bote aus Korinth unterhält sich mit Paulus	Interview-Gespräch Leiter in der Rolle des korinthischen Boten Teilnehmer in der Rolle des Paulus	
	Fragen und Antworten aus dem 1. Kor.brief. Textbeispiele 1. Kor. 3, 1-8; 7,25-31; 8,1-13	a. Vorbereitung in 3 Gruppen - Wovon sind die Korinther umgetrieben? - Was antwortet Paulus? b. Interview-Gespräch zwischen dem "Korintherboten und "Paulus" c. Zusatzfragen aus dem Plenum	
	3. Ueber die Vielfalt der Gemeinde nachdenken - damals und heute		
60'	Fähigkeiten, die der Geist Gottes schenkt	Arbeit in Kleingruppen und Plenum	
	1. Korinther 12,1-11; 27-31	a. Stille Lesung b. Die wichtigsten Gaben schriftlich festhalten c. Gespräch in Dreier-Gruppen: - Wo und wie gibt es eine dieser Gaben heute? - Welche (neuen) Gaben wären heute besonders nötig? d. Ergebnisse im Plenum besprechen. Ergänzen. e. Vertiefende Information durch den Leiter	Textblatt Vorbereitete Wandzeitung auf Wandzeitung - aufschreiben, ev. Stichwort unterstreichen - in leere Kolonne eintragen

Erläuterungen

Zum 1. Schritt

Da die Lektion sich textlich auf den 1. Korintherbrief beschränkt, mag es angezeigt sein, im allgemeinen Ueberblick den 2. Korintherbrief gebührend zu Wort kommen zu lassen. Wichtig ist, im Blick auf den 2. Schritt, auch die Betonung, dass und wie sehr diese Briefe Antworten auf konkrete Fragen der Korinther darstellen.

Zum 2. Schritt

Mit der für den 2. Schritt vorgeschlagenen Gestaltung soll der Frage-Antwort-Charakter besonders des 1. Korintherbriefs verdeutlicht werden. Dabei mag vorgestellt werden, dass ein Bote aus Korinth Paulus Nachrichten aus seiner Gemeinde überbringt. Die Form eines (fingierten) Interview-Gesprächs zwischen ihm und Paulus soll der Seminargruppe Gelegenheit geben, sich mit 3 Texten aus dem 1. Korintherbrief näher zu befassen. Im Gruppengespräch werden die einzelnen Stichworte der paulinischen Argumentation zusammengetragen. Der Leiter wendet sich sodann im Plenum als Interviewer (bzw. "Bote aus Korinth") an die jeweilige Gruppe, die (gemeinschaftlich) als "Paulus" antwortet. Am Beispiel von 1. Kor. 8 etwa so: "Lieber Paulus, du weisst, dass wir bei uns in der Regel Fleisch von Tieren einkaufen, die ursprünglich den hellenistischen Göttern geopfert worden sind. Das hat bei uns zu Glaubensproblemen und Auseinandersetzungen geführt. Einzelne Gemeindeglieder erklären: Alles ist erlaubt, wir sind doch frei! Andern dagegen wird das zur Gewissensfrage, sie empfinden es als Verrat an Christus. Wie denkst du hierüber?" Sobald das Gespräch lebendig wird, melden sich spontan Teilnehmer aus dem Plenum mit Zusatzfragen an den einen oder andern Gesprächspartner.

Zum 3. Schritt

Anhand von 1. Kor. 12 soll ein Transfer dieses Paulustextes in unsere Zeit versucht werden. Der Seminargruppe wird der vervielfältigte Text zur stillen Lektüre ausgeteilt. Nachher wird eine Wandzeitung aufgehängt, auf der sich die wichtigsten Gaben (Charismen) stichwortartig vorfinden: Einander verstehen, Erkenntnis vermitteln, Geister unterscheiden usw. Innerhalb des Plenums bilden sich sodann Dreiergruppen, die danach fragen: ob und wie solche Gaben bei uns (noch) vorhanden sind, oder: welche (ev. ganz andern) Fähigkeiten wir Christen heute nötig hätten. Die Ergebnisse werden auf leeren Feldern der Wandzeitung eingezeichnet, besprochen und zum Schluss vom Leiter (in einem Kurzreferat) vertieft.

Weitere Gestaltungsmöglichkeiten

(1) Variante zum Lektionsvorschlag. Falls ein Mitleiter (ev. Theologe) beigezogen werden kann, lässt sich, nach unverändertem 1. Schritt, im 2. Schritt ein formelles Interview-Gespräch zwischen zwei Personen führen. Es hat den Vorteil, dass sich dann das Plenum auf beiden Seiten lebendig und phantasievoll einschalten kann und so die Information zum 1. Korintherbrief beträchtlich erweitert wird. Der 3. Schritt kann unverändert beibehalten werden.

(2) Weitere Variante zum Lektionsvorschlag. Um für eine ausführlichere Textarbeit im 3. Schritt Zeit zu gewinnen, kann, bei unverändertem 1. Schritt, im 2. Schritt das Interview-Gespräch durch ein Lehrgespräch ersetzt werden. Der Leiter fragt (ev. nach einer für die Textlesung eingeräumten stillen Zeit) die Seminargruppe, welche Probleme in Korinth auftauchen und wie Paulus darauf eintritt. 3. Schritt: Statt Dreiergruppen eigentliche Kleingruppenarbeit mit dem Auftrag, wichtige Gaben ("alte" und "neue") auf Papierbogen schriftlich zu formulieren und sie ev. zu zeichnen (Symbole). Die Ergebnisse werden nachher im Plenumsraum aufgehängt, von den Gruppen erläutert und gemeinsam besprochen. Den Abschluss kann eine Information des Leiters bilden oder/und eine Lesung des Korinthertextes, in der auch neue, aktuelle Gaben aus unserer Zeit mitaufgeführt werden. (Text: Teile aus 1. Kor. 12).

(3) Als Ausgangspunkt der Lektionsgestaltung kann das Thema "Einheit in der Vielfalt" gewählt werden, das in unserer Zeit des Pluralismus ja sehr aktuell ist. Einstieg ev. mit einem freien Gespräch: Was ist für gute Zusammenarbeit ausschlaggebend, im beruflichen Alltag, in der Kirche; was würden wir uns besonders wünschen? 2. Schritt: Gemeinsam herausarbeiten, wie dies nach Paulus verwirklicht ist. (Bibelarbeit zu 1. Kor. 12, mit besonderem Gewicht auf dem Gleichnis vom Leib mit den vielen Gliedern). Im 3. Schritt ev. Einbezug der auf Blatt E 4 aufgeworfenen Frage nach der charismatischen Gemeinde und ihren Kriterien.

<u>Methodische Hinweise</u>

<u>Interview-Gespräch mit Gruppenbeteiligung</u>: Ein (fingiertes) Gespräch zwischen biblischen Personen trägt, wie bereits früher ausgeführt (s. NT 8 - II 3), zur Verlebendigung eines Textes bei. Gesprächspartner kann dabei auch eine Gruppe sein. Dies setzt voraus, dass sie sich möglichst gut in eine Postition hineinzudenken vermag, z.B. anhand einer Textarbeit. Im Lektionsvorschlag ist dem Leiter die Aufgabe des Interviewers übertragen, weil er in dieser Funktion seine (besonderen) Kenntnisse über die Situation in der damaligen Korinthergemeinde wohl am besten einbringen kann.

Verlaufsskizze

Dauer	Was?	Wie?	Womit?
5'	Einführung. Blick auf das Thema der Lektion		
	1. Die Rechtfertigungslehre des Paulus in den Hauptzügen darstellen		
20'	Gerechtigkeit aus Glauben oder aus Werken	Information durch den Leiter	
	2. Beziehungen zu den paulinischen Gedanken in unserem Leben aufdecken		
30'	Wir Menschen im Spannungsfeld zwischen Leistung und Gnade	Metapher - Meditation Auffinden von Bildworten in Dreiergruppen - Stille Besinnung notieren von Einfällen - Mitteilung und Austausch von Bildworten - Auswahl je einer Metapher pro Gruppe - Anschreiben an Wandzeitung	Notizmaterial 2 Wandzeitungen separat aufgehängt (Stichworte: Leistung /Gnade)
40'	Leistung ist wie.. Gnade ist wie..	Besprechung und Auswertung der Metaphern im Plenum Wo und wie erleben wir Aehnliches? (Alltag, persönliche Lebensgeschichte) - Die Teilnehmer erzählen einander ihre Erfahrungen, ihre Betroffenheit - Der Leiter verklammert die Aussagen mit dem Gedankengut des Römerbriefs	ev. zusätzliche Notizen auf jeweiliger Wandzeitung
	3. Die geistesgeschichtliche Bedeutung des Römerbriefs erfassen		
40'	Was der Römerbrief insgesamt ausgelöst hat - Wirkungen in der abendländischen Geistesgeschichte - Antworten auf grosse Fragen der Menschheit	Information durch den Leiter Rückfragen Aussprache	

Erläuterungen

Zum 1. Schritt

Es ist Aufgabe der Einleitung, überblicksartig die Grundgedanken der paulinischen Rechtfertigungslehre zu entfalten und an Texten des Römerbriefs zu exemplifizieren. Die Information soll auf den 2. Schritt vorbereiten und vor allem deutlich machen, was nach Paulus heisst: aus der eigenen Leistung zu leben und nicht aus dem Empfangen.

Zum 2. Schritt

Den paulinischen Hauptgedanken soll nun im Kontext unseres alltäglichen Lebens nachgegangen werden. Das kann mit einer Metapher-Meditation geschehen. In Kleingruppen werden zu den Leitbegriffen Leistung-Gnade Metaphern (= Bildworte) gesucht, die aufgeschrieben und nachher im Plenum besprochen werden. Zu dem Zweck sind, an zwei verschiedenen Orten des Plenumsraums, Papierbogen aufgehängt (womöglich im voraus vorbereitet, versehen je mit dem Stichwort "Leistung" bzw. "Gnade"). Vorerst arbeiten die Teilnehmer in Dreiergruppen, indem jeder in stiller Arbeit 1-2 solcher Gleichnisworte sucht und für sich notiert. Die Ergebnisse werden nachher reihum ausgetauscht. Die Gruppe einigt sich auf jenes Bildwort bzw. Wortpaar, das allen am zutreffendsten erscheint, und schreibt es auf die entsprechende Wandzeitung. Sodann findet im Plenum ein Austausch über die zusammengetragenen Bildworte statt. Die Seminargruppe setzt oder stellt sich in einen Halbkreis und meditiert die Metaphern unter der Frage: Wo und wie erlebe ich im Alltag Aehnliches? Wer sich äussert, tritt vor die jeweilige Wandzeitung und gibt dort seinen Beitrag ab (d.h. formuliert einen Satz oder Hinweis, erzählt eine Begebenheit). Auf diese Weise wird die Spannung von Leistung und Gnade deutlich, wie sie auch unser Leben kennzeichnet. Abschliessend versucht der Leiter, einige der geäusserten Gedanken mit Aussagen des Paulus im Römerbrief zu verklammern.

Zum 3. Schritt

Der Römerbrief fordert dazu heraus, auch die Wirkungsgeschichte dieses paulinischen Dokuments zu bedenken. Dies ist Aufgabe des 3. Schrittes. Hier stehen, wie auf Blatt D angedeutet ist, viele Stichworte im Raum: im engern Sinn theologiegeschichtliche (Entwicklung zu Reformation und Pietismus bzw. zur nachreformatorischen Theologie bis heute), aber auch menschheits- und geistesgeschichtliche (Durchbruch zum abendländischen Freiheitsverständnis in Anthropologie und Ethik).

Weitere Gestaltungsmöglichkeiten

(1) Variante zum Lektionsvorschlag. Die Vergegenwärtigung der Grundmomente der paulinischen Rechtfertigungslehre kann auch ohne Metapher-Meditation geschehen. Der Leiter mag im 1. Schritt, im Sinn der Fragen auf Blatt E 1, bei den Leseeindrücken der Teilnehmer anknüpfen: Was ist besonders haften geblieben, was machte Schwierigkeiten? Wenn somit schwerpunktmässig erste wichtige Gedanken des Römerbriefs zusammengetragen sind, lässt sich von ihnen her bereits ansatzweise das Konzept des ganzen Briefs verdeutlichen. Im 2. Schritt folgt,

als Referat, die Darstellung der Rechtfertigungslehre des Paulus, z.B. wie sie vom Judentum her zu verstehen ist, ev. erläutert an Röm. 3. Der 3. Schritt führt, in Gruppen- und Plenumsgespräch, hin zu einer aktuellen Diskussion: Wie steht es in dieser Hinsicht bei uns; worin könnte Paulus uns helfen; was lässt sich tun, um heute grundlegende Werte zu verändern? 4. Schritt = 3. Schritt des Lektionsvorschlags.

(2) Der Einstieg kann auch von der Seite der Theologiegeschichte her erfolgen. 1. Schritt: Beispielhafte Texte zum Römerbrief in der Auslegung von Augustin, Luther und Barth synoptisch nebeneinander stellen, vergleichen, interpretieren (Leiter). 2. Schritt: Gesprächweise erarbeiten, welche besondern Impulse von diesen Schriften ausgegangen sind, und warum. 3. Schritt: Textarbeit, z.B. über Röm. 1,16-17. Gemeinsam bedenken und miterleben, weshalb diese Inhalte eine solche Faszination ausüben konnten (können).

(3) 1. Schritt: Einstieg mit dem Gedicht Dietrich Bonhoeffers "Wer bin ich?" (in: "Widerstand und Ergebung"). Diskussion der Bedeutung der Identitätsfrage, ev. mit Bezügen zur Gegenwartsliteratur (Max Frisch). 2. Schritt: Referat, am Leitfaden von Römer 7 und 8, zu dieser Seite der paulinischen Anthropologie. 3. Schritt: Aussprache in Gruppen und Plenum: Bedeutung der Rechtfertigung für den Menschen und sein Befinden, ev. verbunden mit Textarbeit (z.B. Röm. 5,1-5).

(4) Am Beispiel des Verhältnisses der Christen zum Staat, wie Röm. 13 es sieht, mag das Autoritätsproblem ins Spiel gebracht werden. 1. Schritt: Warum ist Autorität bei uns, auch in staatlicher Hinsicht, in Frage gestellt? 2. Schritt: In einem Referat oder als Textarbeit klären, was diesbezüglich hinter Röm. 13 steht. 3. Schritt: Plenumsrunde zur Frage, was paulinisches Denken zum Aufbau echter Autorität beitragen kann.

Methodische Hinweise

Metapher-Meditation: Diese Methode, die in der Regel in einer kleineren Gruppe Anwendung findet, macht sich den Umstand zunutze, dass unsere Alltagssprache reichlich Bilder und Gleichnisse (= Metaphern) enthält. In einer Metapher-Meditation wird dazu aufgefordert, solche Bildworte zu finden, bzw. zu erfinden, und sie zu meditieren. Diese Art der Gruppenarbeit wird mit Gewinn dort eingesetzt, wo es um das Aufschliessen eines schwerverständlichen oder verbrauchten Wortes geht. Der Leiter erläutert zu Anfang an einem Beispiel, wie die Aufgabe gemeint ist. (Beispiel im Sinn des Lektionsvorschlags: "Leistung ist wie ein endlos sich drehender Kreisel; Gnade ist wie Aufgenommensein in einem gastlichen Haus"). Meistens können 3 Phasen unterschieden werden: (1) Stille Arbeit, Finden von Bildworten, kein Gespräch. (2) Notieren der Metaphern (Notizblatt, Papierbogen, Wandtafel). (3) Aussprache: Welche Metapher gefällt mir, verstehe ich nicht, finde ich am zutreffendsten? Daran kann sich ein locker geführtes Gespräch anschliessen, ev. über verschiedene Metaphern oder auch nur über die eine, die am meisten zusagt. Variation: Die Teilnehmer, unter Umständen auch einer grössern Gruppe, schreiben nach einer stillen Zeit (1) die gefundenen Metaphern auf ein Notizblatt (2) und lesen nachher ihre persönlichen Bildworte vor (3); oder der Leiter liest aus den (ein-)gesammelten Metaphern eine Auswahl vor, vielleicht mehrmals, ev. mit Musik.

PHILIPPER-, PHILEMON-, KOLOSSER-, EPHESERBRIEF

Verlaufsskizze

Dauer	Was?	Wie?	Womit?
5'	Einführende Worte zur Gestaltung der Lektion		
	1. Kolosser- und Epheserbrief besprechen und theologisch vertiefen		
30'	Wichtige Aspekte im Kolosser- und Epheserbrief	Rundgespräch im Plenum - Was ist uns bei der Heimlektüre aufgefallen? - Wo hatten wir Verständnisschwierigkeiten?	
	Christus - Mitte von Kosmos und Kirche	Vertiefung durch Zusatzinformation (Leiter)	
	2. Das Problem des Philemonbriefs erfassen und konkretisieren		
40'	Gespräch in der Hausgemeinde des Philemon	Durch ein Identifikationsspiel die Personen des Philemonbriefs miteinander ins Gespräch bringen	
	Textarbeit zum Inhalt des Philemonbriefs	a. Kurze Einführung in den Text und Spielanweisung (durch d. Leiter) b. Arbeit in 4 Gruppen, die sich mit folgenden Personen identifizieren: - Philemon - Onesimus - Paulus - Hausgemeinde Einzelarbeit am Text Austausch in der Gruppe über die zu spielende Rolle	Blatt mit verv. Text Spielanweisung mit Fragen für die Gruppen
30'		c. Identifikationsspiel (Leiter wirkt als Moderator des Gesprächs) d. Auswertung	
	3. Den Grundgehalt des Philipperbriefs darstellen und auf uns beziehen		
30'	Freude nach dem Philipperbrief - theologisch klären - meditativ nachempfinden	Theologische Information m. Rundgespräch im Plenum a. Einführung (Leiter) b. Einzelarbeit (Stille) c. Rundgespräch mit persönlichen Voten	Blatt mit Text Phil. 4,4-7; ev. Wandzeitung (Folie)

Erläuterungen

Mit dem Lektionsvorschlag wird der Versuch gemacht, alle in NT 11 besprochenen Briefe am Seminarabend zur Sprache zu bringen. Das Gewicht, das dabei dem Philemonbrief eingeräumt ist, mag sich dadurch rechtfertigen, dass in diesem paulinischen Schreiben ein so bedeutsames soziales Problem theologisch verhandelt wird.

Zum 1. Schritt

Der Abend wird mit einem Rundgespräch eröffnet. Dabei äussern die Teilnehmer, im Sinn der Anregungen von E, 1 und 3, frei und unzusammenhängend ihre wichtigsten Leseeindrücke zum Kolosser- und Epheserbrief. Es ist Aufgabe des Leiters, sie schwerpunktmässig zu ordnen und die zum Verständnis der beiden Briefe nötige Information zu vermitteln.

Zum 2. Schritt

Die Textarbeit zum Philemonbrief lässt sich durch ein Identifikationsspiel lebendig gestalten. Es wird vorgestellt, dass einige Zeit nach Rückkehr des Onesimus Paulus in der Hausgemeinde des Philemon zu Besuch weilt. Dabei kommt es nochmals zum Gespräch über die Frage des entlaufenen Sklaven. Gesprächspartner sind: Philemon, Onesimus, Paulus, die Hausgemeinde. Wie wird dieses Gespräch geführt, d.h. welches sind dabei wichtige Gedanken und Argumente? Dies (inhaltlich) herauszufinden, ist Aufgabe von 4 Arbeitsgruppen, deren jede sich mit einem der genannten Gesprächspartner identifiziert. Neben dem vervielfältigten Bibeltext findet sich, als Spielanweisung, in der Hand des Teilnehmers ein Blatt mit Fragen für die Gruppen. Sie sollen die Vorbereitung des Rollenspiels erleichtern. (z.B. Gruppe Philemon: "Was empfinden Sie dem entlaufenen und zurückgekehrten Sklaven gegenüber, wie stehen Sie jetzt zu ihm, was möchten Sie Paulus fragen?"). Zu Beginn des Spiels setzt der Leiter die Gruppen so in die Runde, dass sie einander gegenüber sind, jedoch gut miteinander reden können. Der Leiter wirkt als Moderator zwischen den Gruppen. Mit Fragen und Anstössen sorgt er dafür, dass das Gespräch offen und spontan geführt wird. Die Gruppenmitglieder reden in der Ich-Form: "Ich (Onesimus) finde, dass.." Nach Abschluss des Gesprächs (wobei jeder wieder in seiner persönlichen Rolle ist) folgt eine Auswertung; seitens der Teilnehmer: Wie haben wir unsere Rolle erlebt, was ist uns inhaltlich aufgegangen? Seitens des Leiters: Was kann zum Textverständnis allenfalls noch unterstrichen, ev. beigefügt werden?

Zum 3. Schritt

Der Schlussteil ist dem Philipperbrief gewidmet, und zwar dem Stichwort "Freude". In einer einführenden Information mag der Leiter anhand einer Wortstatistik (Konkordanz!) mitteilen, wie oft sich das Wort (bzw. die Wortverbindung) Freude im Philipperbrief vorfindet und welche Bedeutung ihm im Zusammenhang dieses Briefes zukommt. Als Zusammenfassung wird dem Teilnehmer, im Rückgriff auf E, 4, ein Blatt mit Philipper 4,4-7 in die Hand gegeben (ev. Text auf Wandzeitung), das in der Plenumsrunde still meditiert wird. Abschluss in der Form eines Rundgesprächs, bei dem die Teilnehmer sich zum Text frei und persönlich äussern mögen. (Was ist mir bedeutsam geworden, was möchte ich unterstreichen?)

Weitere Gestaltungsmöglichkeiten

(1) Variante zum Lektionsvorschlag. Falls der Leiter das Identifikationsspiel weglassen will, kann, unter Beibehaltung der Schritte 1 und 3, Schritt 2 als Bibelarbeit in Gruppen und Plenum gestaltet werden. Fragen für die Textarbeit (zu Philemon 1-25): Was sagt Paulus nicht? (z.B. zur Sklaverei, wie wir das wohl erwarten würden). Was sagt er, worauf legt er das Hauptgewicht? Welche Schlüsse ziehen wir hieraus?

(2) Weitere Variante zum Lektionsvorschlag. 1. Schritt: Rundgespräch in Anknüpfung an E, 4: Welches sind unsere (alltäglichen) Erfahrungen mit der Freude? Was ist "Freude im Herrn", wie Paulus sie versteht? Anschliessend Information des Leiters: Freude - Wort und Wortverbindungen im Philipperbrief. Mitteilung des statistischen Befundes (ZB): Freude (3x), Freudigkeit (1x), sich freuen (10x). 2. Schritt: Bilden von Zweiergruppen, Austeilen von Zetteln mit Worten zur Freude aus dem Philipperbrief. Zusammentragen von Gedanken im Partnergespräch und Einbringen ins Plenum. 3. Schritt: Theologische Aspekte im Kolosser- und Epheserbrief, Information und Aussprache.

(3) Im 1. Schritt Einstieg mit dem Gedanken, dass wir es hier mit Gefangenschaftsbriefen zu tun haben. Leiter: Biographisches zu den verschiedenen Gefangenschaften des Paulus. Anschliessend Plenumsgespräch mit den Teilnehmern: Wie erlebt Paulus sein Gefangensein, z.B. laut Philipperbrief? Wie geht er mit der Ohnmacht seiner Lage um, überhaupt mit Ohnmacht? Was sagt uns das? 2. Schritt: Arbeit, in Gruppen und Plenum, am Christushymnus Phil. 2,5-11. 3. Schritt: Referat des Leiters. Aufnahme der Ergebnisse der Bibelarbeit und Vergleich mit dem Hymnus in Kol. 1,15-20. (Thema: Christus und die Mächte).

Methodische Hinweise

Identifikations- oder Konfrontationsspiel: Es ist eine Weiterentwicklung der Identifikationsmethode (s. NT 2 - II 3). Neu ist, wie das Wort sagt, dass Identifikation mit einer biblischen Person nicht nur in Gedanken stattfindet, sondern von den Teilnehmern gespielt wird, und zwar als Spiel zwischen Gruppen. Es werden nach der Anzahl der im Text (bzw. Spiel) vorkommenden Personen Gruppen gebildet. Der Leiter macht die Teilnehmer mit der Spielanlage genau bekannt (wenn möglich schriftliche Spielanweisung mit Fragen für die Gruppen). Das Identifikations-/Konfrontationsspiel hat in der Regel 4 Phasen: (1) Hinführung zum Text bzw. (stille) Beschäftigung mit ihm, anhand von Bibeltext oder Textblatt. (2) Identifikation, d.h. Austausch über die gewählte Rolle in der Gruppe (Gruppengespräch). (3) Konfrontation, eigentliche Spielphase, in der der Leiter Moderator ist und dafür sorgt, dass ein lebendiger Austausch zwischen den durch die Gruppen dargestellten Positionen stattfindet. Die Gruppen werden im Raum so (einander gegenüber) gesetzt, dass eine Begegnung/Konfrontation der Standpunkte gut möglich ist. Zurückhaltende Gesprächsführung durch den Leiter, sobald die Diskussion in Gang gekommen ist. (4) Auswertung. (Wie haben wir das Spiel erlebt?).

Verlaufsskizze

Dauer	Was?	Wie?	Womit?
5'	Begrüssung Blick auf den Abend		
	1. Auf die theologischen Besonderheiten der Pastoralbriefe hinweisen		
30'	Kirche im späten Urchristentum I: Das bischöfliche Amt	Information durch den Leiter Rückfragen Kurze Aussprache	
	2. Den andersartigen theologischen Ansatz d. Hebräerbriefs erläutern		
20'	Kirche im späten Urchristentum II: Das priesterliche Amt	Information (Leiter)	
	3. Anhand von Hebräer 11 über unsern eigenen Glauben nachdenken		
80'	Wie christlicher Glaube sich artikuliert	Verschiedene Arten von Gesprächen in Kleingruppen und Plenum	
	Arbeit an Texten aus Hebräer 11	a. Partnergespräche (11,1) Wie ist hier Glaube/ Vertrauen verstanden?	Textblatt mit ausgewählten Versen aus Hebr. 11 (1+2 7+8 27)
		b. Einzelarbeit und Rundgespräch (11,7.8.27) Drei Glaubensvorbilder - Was fällt uns auf? - Was beeindruckt uns?	
		c. Arbeit in Dreiergruppen - Verfassen eines entsprechenden Satzes über uns u. unsere Zeit	
		- Aufschreiben auf Plakat - Im Plenum aufhängen	Papierbogen i.d. Gruppen (im Plenumsraum aufhängen)
		d. Austausch im Plenum - Verklammerung m.d. bibl. Texten (Leiter) - ev. meditatives Lesen durch d. Teilnehmer	

Briefe an Timotheus und Titus, Hebräerbrief

Erläuterungen

Zum 1. Schritt

Der Vorschlag zielt daraufhin, innerhalb dieser Lektion das Profil der Kirche im späten Urchristentum zu erspüren. In dem Sinn mag das Gewicht bei der Information zu den Pastoralbriefen auf dem Bischofsamt liegen.

Zum 2. Schritt

In Verklammerung mit dem 1. Schritt soll die überblicksmässige Information zum Hebräerbrief den Akzent auf das (hohe-)priesterliche Amt legen, wie es hier von der Einmaligkeit des Opfers Christi her gesehen wird. Damit ist auf einen wirklich andersartigen Ansatz im späten Urchristentum hingewiesen. Ziel mag sein, die Vielfalt im Kirchen- und Glaubensverständnis zu zeigen.

Zum 3. Schritt

Der Lektionsvorschlag sieht eine textliche Vertiefung am Beispiel von Hebräer 11 vor. Sie geschieht vorerst in einer Plenumsrunde. Dem Teilnehmer liegt ein vervielfältigtes Blatt mit ausgewählten Texten vor. Erste Aufgabe (mit Blick auf Hebr. 11,1): Partnergespräche im Plenum. Nachdenken über den Glaubensbegriff des Hebräerbriefes, ohne Rückmeldung ins Plenum. Nachher Aufforderung zur Betrachtung der 3 Glaubensvorbilder Noah, Abraham, Mose (Einzelarbeit anhand des Textblattes): Was ist das Besondere bei diesen Glaubensgestalten? Einbringen der Gedanken ins Plenum (locker geführtes Rundgespräch). Im Anschluss daran werden innerhalb des Plenums Dreiergruppen gebildet. Ihnen ist die Aufgabe gestellt, gleichsam in Fortsetzung der beispielhaften Sätze von Hebr. 11, einen aktuellen, auf uns bezogenen eigenen Satz (2-3 Zeilen) zu formulieren. "Weil NN Gott vertraute.." Es ist möglich, dabei von unsern Erfahrungen auszugehen oder auch an Menschen unserer Zeit zu denken (Martin Luther King, Bonhoeffer; oder Leidende, die uns persönlich eindrücklich vor Augen stehen). Der Satz wird in den Gruppen auf Plakat geschrieben und im Plenumsraum aufgehängt. Abschluss im Plenum: Kurze Interpretation der Sätze, Austausch. Ev. Hinweise des Leiters, wie unsere Formulierungen mit den Texten von Hebr. 11 verklammert sind, ev. (nochmaliges) meditatives Lesen durch die Teilnehmer.

Weitere Gestaltungsmöglichkeiten

(1) Variation zum Lektionsvorschlag. Wenn der Leiter den Pastoralbriefen mehr Zeit einräumen will, kann der 2. Schritt gemäss Lektionsvorschlag durch eine Diskussion der Theologie und der Gemeindeordnung in den Pastoralbriefen ersetzt werden. Ev. Gesprächseinstieg bei den offensichtlich vorhandenen bürgerlichen ethischen Normen der Pastoralbriefe (s. Blatt D): "Verbürgerlichung" der Kirche? Mit Entwicklungslinien in Kirchengeschichte und Gegenwart.

(2) 1. Schritt: Nachdenken über die Frage der Kirchenleitung: Wie ist sie in den Pastoralbriefen verstanden? Wie sehen (und wünschen) wir für heutige Verhältnisse Gemeindeordnung und kirchliche Leitungsämter? Zum Vergleich ev. Kirchenordnungen unserer Landeskirchen beiziehen!
2. Schritt: Exegetische Bemerkungen zu Hebräertexten (Leiter): Ver-

ständnis des hohepriesterlichen Amtes Christi, Auswirkungen auf den Gottesdienst und priesterliche Aufgaben in der neutestamentlichen (und späteren) Gemeinde. 3. Schritt: Gesprächsrunde über das Anliegen des (reformatorischen) "Allgemeinen Priestertums der Gläubigen".

(3) Nach Information über die Pastoralbriefe (= 1. Schritt gemäss Lektionsvorschlag) vertieftes Arbeiten am Glaubensverständnis von Hebr. 11. 2. Schritt: Aussuchen von Fotos zum Thema "Vertrauen", die vom Leiter im voraus ausgelegt sind. (Fotosprache). Stilles Umhergehen der Teilnehmer. Jeder nimmt das ihm eindrücklichste Bild zu sich. Wenn die Seminargruppe nicht zu gross ist, kann die Vorstellung der Bilder im Plenum (Kreis bilden!) erfolgen: Jeder Teilnehmer sagt, weshalb ihm sein Bild wichtig und aussagekräftig ist. Aufgrund des Gesprächs in der Gesamtgruppe wird die Auswahl der Fotos auf 3-5 reduziert. Diese geben, gut sichtbar aufgehängt, Anlass zu einem Rundgespräch: Was bedeutet für uns Vertrauen? 3. Schritt: Vertrauen, wie es die Bibel (Hebr. 11) sieht. Information des Leiters, Aussprache. Verklammerung und Gegensätzliches zu den Erkenntnissen im 2. Schritt.

Methodische Hinweise

Foto- oder Bildersprache (Fotolangage): Aufgrund von gezeigten oder aufgehängten Bildern (oder Diapositiven) wird die Gruppe zum freien Assoziieren aufgefordert. Dies ist dann hilfreich, wenn im Zusammenhang mit einem Thema nach unsern eigenen Erfahrungen gefragt wird. Sie können durch Bilder auf besonders günstige Weise wachgerufen werden. (Es existieren zahlreiche sehr geeignete Bilder- und Diaserien). Der Leiter wird im voraus ca. 30 Fotos zum entsprechenden Thema aussuchen und im Plenumsraum, auf Tisch oder Fussboden, auslegen. Beim Vorgehen sind in der Regel 4 Phasen zu unterscheiden: (1) In einer Zeit stillen Umhergehens sucht sich jeder Teilnehmer jenes Bild aus, das für ihn am stärksten mit dem Thema zusammenklingt. (2) Im anschliessenden Rundgespräch stellen die Teilnehmer reihum ihre Bilder vor, kurzer persönlicher Kommentar. (3) Ziel einer weiteren Gesprächsrunde ist es, aus den Bildern eine beschränkte Auswahl zu treffen, 3-5 Fotos, die der Gesamtgruppe am aussagekräftigsten erscheinen. (4) Die ausgewählten Bilder werden aufgehängt und besprochen. Variationen: Bei grösserer Teilnehmerzahl kann die persönliche Präsentation der Bilder sowie deren Reduktion in der Gruppe geschehen (die als Ergebnis 1-2 Bilder ins Plenum bringt). Statt der gesprächsweisen Vertiefung (in der letzten Phase) können Kleingruppen (2-3 Personen) zu je einem Bild einen schriftlichen Kommentar verfassen.

 JAKOBUS-, JUDASBRIEF, PETRUS-, JOHANNESBRIEFE

Verlaufsskizze

Dauer	Was?	Wie?	Womit?
15'	Einführung in die Lektion Wichtige Eindrücke aus der Lektüre des 1. Johannesbriefes zusammentragen	Sammelndes Rundgespräch Ev. knappe Akzentsetzung durch den Leiter	
	1. Die Grundgedanken des Jakobus und Paulus einander gegenüberstellen		
30'	Synoptischer Vergleich von Jak. 2,14-24 und Röm. 3,21 - 4,3	Konfrontationsgespräch Gruppenarbeit und Plenum Vorbereitung des Konfrontationsgesprächs in 2 Gruppen ("Jakobusgruppe" und "Paulusgruppe") Fragen - Wie vertreten wir unsere Position? - Was möchten wir der andern Gruppe sagen? (Einwände, Argumente, Fragen)	Verv. Blatt m.d. Jakobus- u. Paulustexten (und beigedruckten Fragen)
40'	Jakobus und Paulus im Streitgespräch	Durchführung des Konfrontationsgesprächs. Plenum a. Streitgespräch zwischen den beiden Gruppen b. Auswertung: Was ist uns beim Gespräch inhaltlich aufgegangen? c. Votum des Leiters: Jakobus und Paulus	
	2. Prägende Bilder aus dem 1. Petrusbrief kennenlernen und überdenken		
50'	Nachdenken über Bildworte aus 1. Petr. 2,1-10 "Lebendige Steine.. Königliche Priester.. Heiliges Volk.."	Information und vertiefendes Gespräch. Plenum a. Theologischer Beitrag zum Verständnis dieser Bildworte b. Stilles Nachdenken der Teilnehmer über die Bedeutung der Bildworte c. Aussprechen der persönlichen Eindrücke vor den Plakaten. Stille dazwischen d. Ev. kurze Kommentierung durch den Leiter	Auf 3 Plakaten (an versch. Orten im Plenumsraum aufgehängt) stehen 3 Sätze aus 1. Petr. Kap. 2: V. 5a, 5b, 9b

Erläuterungen

Im Lektionsvorschlag stehen der Jakobus- und 1. Petrusbrief im Vordergrund. Daher soll zumindest einleitend, im Anschluss an E, 1, der Inhalt des 1. Johannesbriefs in die Gestaltung miteinbezogen werden: In einem offenen Rundgespräch äussern die Teilnehmer ihre Leseeindrücke, die womöglich durch den Leiter ergänzt werden.

Zum 1. Schritt

Ziel dieses Schrittes ist, im Sinn von E, 3, die Gegenüberstellung von Jakobus und Paulus in ihren (kontroversen) Grundaussagen. Dies geschieht durch eine Bibelarbeit in Form eines Konfrontationsgesprächs. In 2 Gruppen werden die entsprechenden Texte erarbeitet ("Jakobusgruppe": Jak. 2,14-24; "Paulusgruppe": Röm. 3,21 - 4,3). Aufgabe: Die Gruppen sollen miteinander ein Streitgespräch führen und es so vorbereiten, dass sie je ihre Position umschreiben und Argumente für den Dialog sammeln. Beispiel: "Uns geht es um den ganzen Menschen, in Wort und Tat" (Jakobus). "Wir glauben, dass Gott uns akzeptiert, auch wenn wir versagen" (Paulus). Im Plenum findet sodann das Konfrontationsgespräch als Dialog über "Glaube und Werke" statt. Der Leiter leistet Starthilfe, hält sich aber beim Streitgespräch der beiden Gruppen möglichst zurück. Er tritt bei der Auswertung wiederum stärker in Funktion. In dieser Phase äussern die Teilnehmer, wie sie das Gespräch erlebt haben und was es ihnen inhaltlich gebracht hat. Abrundung durch ein ausführliches Votum des Leiters zur Gegenüberstellung von Jakobus und Paulus und den Konsequenzen dieser Ansätze im späteren Christentum.

Zum 2. Schritt

Auch in der Verarbeitung des 1. Petrusbriefes soll ein bestimmtes Element herausgegriffen werden: die vertiefende Betrachtung der bekannten Bildworte im 2. Kapitel (V. 5a: Lebendige Steine; V. 5b: Priester Gottes; V. 9b: Gottes Volk). Damit diese plastisch vor Augen treten, werden sie, an verschiedenen Orten im Plenumsraum aufgehängt, auf grosse Plakate geschrieben und so als Bildworte herausgehoben. Einleitend ortet der Leiter diese Bibeltexte im Gesamtzusammenhang des 1. Petrusbriefes und überhaupt im Rahmen des biblischen Denkens. (Zum Stichwort "Stein" beispielsweise Hinweis auf Jes. 28,16 und Ps. 118,22 und auf die Bedeutung des Tempels, etwa bei Paulus, als Gleichnis für die Gemeinde). In einem offenen Rundgespräch werden die Seminarteilnehmer vor die Frage gestellt: Welches Bild bewegt mich besonders, was für Ueberlegungen löst es in mir aus, wozu ermutigt es mich? Wer etwas sagen will, tritt vor das entsprechende Plakat und teilt der Gruppe mit, welchen Lebensbezug das Bildwort für ihn persönlich hat. Anschliessend mag der Leiter einzelne Aussagen mit dem Text verklammern und, falls überhaupt nötig, auf weitere Zusammenhänge und Uebereinstimmungen hinweisen.

Weitere Gestaltungsmöglichkeiten

(1) Variante zum Lektionsvorschlag. Falls der Leiter für die Besprechung der Johannesbriefe mehr Zeit haben möchte, lässt sich der jetzige 1. Schritt durch Weglassen des Konfrontationsgepräch verkürzen. Die Gestaltung sieht dann folgendermassen aus: 1. Schritt: Leseeindrücke aus dem 1. Johannesbrief sammeln, in einem Rundgespräch vertiefen und durch ein Votum des Leiters abrunden. Im 2. Schritt erfolgt sodann der (verkürzte) synoptische Vergleich, indem eine Gruppenarbeit zu den Jakobus- und Paulustexten veranlasst und durch eine theologische Information des Leiters ergänzt wird. 3. Schritt = 2. Schritt gemäss Lektionsvorschlag.

(2) 1. Schritt: Eine Kirche aus "lebendigen Steinen" - wie müsste sie aussehen? In einer Plenumsrunde identifiziert sich jedes Gruppenmitglied mit einem "lebendigen Stein" und assoziiert von da aus (mit geschlossenen Augen): "Unter Kirche aus lebendigen Steinen verstehe ich, stelle ich mir vor.." Die Aussagen werden sodann in einem Rundgespräch aufgenommen und verarbeitet. 2. Schritt: Auslegung von 1. Petrus 2,4ff unter Bezugnahme auf die vorgängig geäusserten Gedanken. 3. Schritt: Gruppenarbeit und Information zur Gegenüberstellung von Jakobus und Paulus (s. z. 1. Schritt des Lektionsvorschlags).

(3) 1. Schritt: Kirche aus "lebendigen Steinen". Auslegung von 1. Petrus 2,4ff mit anschliessendem Verarbeitungsgespräch. 2. Schritt: Fotosprache zum Thema "Liebe". Wo leuchtet in unserer Welt Liebe auf, wie verstehen wir Liebe, was erwarten wir von ihr? 3. Schritt: Bibelarbeit oder Referat zum Verständnis von Liebe, wie es uns im 1. Johannesbrief entgegentritt. (Texte zu Nächstenliebe/Gottesliebe aus 1. Joh. 3 und 4).

Methodische Hinweise

Konfrontationsgespräch: In Anlehnung an das Konfrontationsspiel (s. NT 11 - II 3) ist diese Gesprächsart stärker der Debatte angenähert. Die Besonderheit besteht darin, dass es ein Gespräch unter zwei Gruppen ist. Die Aufgabe muss zu Anfang klar formuliert werden. Dann ist der Gruppe genügend Zeit zu lassen, um sich auf die Aufgabe - z.B. anhand von Texten - vorzubereiten. Das Streitgespräch soll frisch und spontan vonstatten gehen. Nur allernötigste Eingriffe vonseiten des Leiters. Wichtig ist zum Schluss die Auswertung. Was ist uns sachlich deutlicher geworden, was haben wir gelernt?

Assoziieren: Bibeltexte, Begriffe oder Bildworte regen zu Assoziationen an und helfen dem Teilnehmer, das konkrete Umfeld eines Stichworts oder Themas besser zu erspüren. Oft ist es gut, das Assoziieren mit gezielten Fragen zu erleichtern: Was fällt Ihnen bei diesem Text ein, woran erinnert Sie dieses Bild, welche Gedanken kommen Ihnen bei diesem Wort?

Verlaufsskizze

Dauer	Was?	Wie?	Womit?
5'	Einführende Gedanken zur Lektionsgestaltung		
	1. Verständnishilfen vermitteln - erste Missverständnisse klären		
20'	Sammeln und Ordnen von Leseeindrücken und Fragen	Rundgespräch Informationsfragen Kurze Antworten (Leiter)	
	2. Den formalen und inhaltlichen Aufbau der Joh. Offenbarung darlegen		
30'	Trostbuch in einer trostlosen Zeit	Information durch den Leiter Rückfragen der Teilnehmer	
	3. Die Bedeutung der Apokalyptik für Theologie und Glauben erfassen		
50'	Sind Träume, Visionen und Utopien noch zeitgemäss?	Zweiergespräche und anschliessendes Rundgespräch - Haben wir heute noch Träume und Utopien, weshalb ev. nicht? - Wozu können uns Zukunftsvisionen helfen?	
	Der christliche Sinn der Apokalyptik	Information (Leiter) Diskussion	
	4. Der Botschaft des Johannes von der Musik her näherkommen		
30'	Texte der Joh. Offb. musikalisch erschliessen "Hallelujah.. Würdig ist das Lamm.." 19,1-16; 11,15; 5,12f	Rundgespräch und persönliche Besinnung a. Textlesung (Leiter, ev. Teilnehmer) Kurzes Rundgespräch b. Zwei Chöre aus dem "Messias" anhören und nachklingen lassen (Stille)	Verv. Blatt mit Texten aus Händels "Messias" (Nr. 42 und 51) Tonband oder Plattenspieler

Erläuterungen

Zum 1. Schritt

In diesem kurzen Schritt soll aufgenommen werden, was auf Blatt E, 1 angeregt ist. Bestimmt werden viele offene Fragen genannt werden. Wichtig ist, dass der Leiter vorerst nur weniges (kurz) beantwortet und hier nicht schon den Inhalt der weiteren Schritte vorausnimmt.

Zum 2. Schritt

Eine Einführung in die Johannes-Apokalypse wird sicher nötig sein. Dabei kann der Leiter anhand des formalen und inhaltlichen Aufbaus auf die literarische und theologische Bedeutung dieses Buches hinweisen. Ev. lohnt es sich, das Aufbauprinzip von der 7-Zahl her näher zu erläutern.(Nach Lohmeyer finden sich in den Kap. 4-21 jeweils 7 Teile mit 7 Bildern. Die Visionen sind in 7 Einheiten unterteilt, diese wiederum in 7 Strophen und 7 Zeilen. In den Sendschreiben sind 7 Gemeinden und 7 Geister erwähnt, vor Gottes Thron brennen 7 Fackeln. Das Lamm hat 7 Augen und 7 Hörner. Geht man davon aus, dass Kap. 14 die inhaltliche Mitte der Offb. ist, dann sind die Kapitel vorher und nachher in jeweils 3 x 7 Szenen aufgeteilt).

Zum 3. Schritt

Es kann fruchtbar sein, im Zusammenhang mit der Joh. Offenbarung an Gedanken anzuknüpfen, die uns heute vermehrt beschäftigen. So mag in einem Rundgespräch die Frage aufgeworfen werden, inwiefern wir auch in der Gegenwart Träume und Utopien brauchen (z.B. ein stückweit die Zukunft "utopisch" vorausdenken müssen), um unser Leben zu bestehen. Was dem gegenüber die Apokalyptik meint und welches ihr christlicher Sinn ist, muss sodann der Leiter in seiner Information darlegen. Dabei mag er an theologische Gedanken z.B. von Käsemann (Apokalyptik als "Mutter" der christlichen Theologie) und Moltmann (Hoffnungsdimension des Glaubens) anknüpfen.

Zum 4. Schritt

Anhand der vorgeschlagenen Partien aus Händels "Messias" lassen sich Texte aus der Joh. Offb. vom Musikalischen her interpretieren. In einem vorausgehenden Rundgespräch mögen die Teilnehmer zu den (vervielfältigten) Texten eigene Gedanken äussern, bevor der Eindruck des Oratoriums vermittelt wird und die Seminargruppe in die Stille führt.

Weitere Gestaltungsmöglichkeiten

(1) Variante zum Lektionsvorschlag. Vielleicht möchte der Leiter mehr Zeit für die Aussprache (Rückfragen der Teilnehmer) zur Verfügung haben. In dem Fall kann der 3. Schritt gestrichen werden. An seiner Stelle ist der 2. Schritt auszubauen: gründlichere Information, mehr Zeit für das Gespräch mit der Seminargruppe.

(2) 1. Schritt: Information als Einführung in das literarische und theologische Verständnis der Joh. Offenbarung. 2. Schritt: In Gruppen-

arbeit und Plenum synoptischer Vergleich der Joh. Offb. mit Markus 13. Fragen: Wo stellen wir Aehnlichkeiten fest? Wie soll, vom Markustext her, die apokalyptische Weltschau verstanden werden? (s. E, 3).

(3) 1. Schritt: Gruppenmalen. Mit welchen Symbolen würde ein Apokalyptiker heute den Weltuntergang malen? In Kleingruppen werden zu dieser Frage Bilder gemalt. Nachher Besprechung im Plenum (zur Methode s. NT 5 - II 3). 2. Schritt: Darstellung des theologischen Gehalts der Joh. Offenbarung. Antwort auf die Frage, wie in diesem biblischen Buch Endzeit bzw. Weltuntergang theologisch zur Sprache kommen. Information und Aussprache. 3. Schritt: Musikalischer Abschluss (s. 4. Schritt gemäss Lektionsvorschlag, ev. ohne Rundgespräch).

Verlaufsskizze

Dauer	Was?	Wie?	Womit?
5'	Vorblick auf die Gestaltung des Abends		
	1. Die Problematik des vielstimmigen Christuszeugnisses besprechen		
20'	Verschiedene"Porträtskizzen" von Jesus: Anfechtung oder Bereicherung?	Sammeln von Leseeindrücken und persönlichen Fragen Offenes Rundgespräch Hinweise des Leiters Gegenseitige Hilfen zur Verarbeitung d. Problems	NT 15 - D+E
	2. Das vielstimmige Christuszeugnis theologiegeschichtlich darlegen		
40'	Unterschiedliche Ausprägungen des Christusverständnisses im Lauf der Geschichte	Information durch den Leiter Rückfragen der Teilnehmer	ev. Thesenblatt/ Folie als Voraus-Zusammenfassung
	3. Das vielstimmige Christuszeugnis in unserer Gegenwart erkennen		
70'	Dimensionen, die uns heute an Jesus wichtig sind	Akzentsetzung in Gruppenarbeit und Plenum	
	Arbeit an Schwerpunkten des gegenwärtigen Christusverständnisses	Leitsätze über Jesus Er - hilft als Leidender Leiden ertragen - stärkt den Glauben an seine letzte Macht - befreit in persönlichen Nöten - befähigt zu einem Leben aus dem Geschenk - gibt Mut zu Nachfolge und Weltveränderung - ist gegenwärtig in Wort und Sakrament a. Kurze Interpretation der Leitsätze (Leiter) b. Arbeit in 6 Gruppen Jede Gruppe bespricht 1-2 Schwerpunkte	Verv. Blatt/Folie mit 6 Leitsätzen zum gegenwärtigen Verständnis von Jesus
		c. Austausch im Plenum Stille. Dazwischen persönliche Voten. Lichtbilder, ev. Musik	2-4 Dias Darstellungen Christi (Leidender, Pantokrator, Heiland)

Die Vielstimmigkeit d. neutestamentlichen Christuszeugnisses

Erläuterungen

Zum 1. Schritt

Was auf Blatt D (s. auch E, 1) über die verschiedenen Porträtskizzen zum Bild Jesu gesagt wird, soll einleitend Anlass geben zu einem persönlichen Austausch in der Seminargruppe. In der Form des offenen Rundgesprächs werden Aeusserungen und Anfragen der Teilnehmer aufgenommen (ev. aufgeschrieben) und, zumindest in einer vorläufigen Runde, besprochen.

Zum 2. Schritt

Es ist denkbar, dass der Leiter in seiner Information knappe Schlaglichter auf wichtige geschichtliche Epochen und Ausprägungen des Christusverständnisses wirft. Darstellung der verschiedenen Christusbilder, womöglich veranschaulicht anhand einer Folie/Vervielfältigung, ev. durch Dias. (Mittelalter: Christus der Schmerzensmann, der Pantokrator. Reformation: Der Gerechtmachende und Befreiende. Pietismus: Der Heiland. Aufklärung: Der Menschliche. 20. Jahrhundert: Jesusbilder, wie sie u.a. die liberale, dialektische, politische Theologie geprägt haben).

Zum 3. Schritt

In einem ausführlichen letzten Schritt soll, im Anschluss an E, 3, im Gespräch mit der Seminargruppe überlegt werden, welche Dimensionen uns heute an Jesus wichtig sind. Dazu werden Leitsätze vorgeschlagen, die einige bekannte Christusverständnisse thesenartig formulieren. (Zum Beispiel: 1 Jesus, der als Leidender an unsere Seite tritt und uns hilft, das Leiden dieser Zeit auszuhalten und mitzutragen. 2 Jesus, der als Auferstandener inmitten der Mächte der Gegenwart die Macht seiner Liebe vertritt. 3 Jesus, der uns in unsern persönlichen Nöten erlöst und befreit. 4 Jesus, der uns hilft, in unserer Leistungswelt aus dem Geschenk und der Gnade zu leben. 5 Jesus, der uns Mut gibt zum Aufbruch und uns aufruft, die Welt von Gottes Reich her zu verändern. 6 Jesus, der im Geheimnis von Wort und Sakrament - Gottesdienst, Stille, Meditation - gegenwärtig ist). Aufteilung der Seminargruppe, sofern es zahlenmässig möglich ist, in 6 Kleingruppen. Jede Gruppe übernimmt die Bearbeitung von 1-2 Schwerpunkten: Was würden heutige Menschen hier besonders betonen; was ist uns (mir) persönlich wichtig? In einem meditativen Schlussteil werden sodann Impulse und Voten aus der Gruppenarbeit ins Plenum eingebracht. Wenn möglich wird diese Phase durch das Zeigen einiger Dias (mit typischen Christusdarstellungen) unterstrichen, ev. mit Musik. So kann der letzte Seminarabend einen besinnlichen Abschluss finden.

Weitere Gestaltungsmöglichkeiten

(1) Variante zum Lektionsvorschlag. 1. Schritt: Leseeindrücke, persönliche Fragen. 2. Schritt: Bibelarbeit in 3 Gruppen mit Texten zu den 3 Haupttypen des neutestamentlichen Christuszeugnisses (s. Blatt B+C). Textbeispiele: Mark. 3,1-5; 1. Kor. 8,4-6; Phil. 2,5-11. Die Ergebnisse der Gruppenarbeit werden ins Plenum eingebracht und vom Leiter theologisch eingeordnet. 3. Schritt = 2. Schritt gemäss Lektionsvorschlag. Abschluss mit einer kurzen, meditativ gestalteten Dia-Schau.

(2) Weitere Variante zum Lektionsvorschlag. 1. Schritt: Bibelarbeit zu Texten des neutestamentlichen Christusverständnisses. 2. Schritt: Interpretation von literarischen Texten der Gegenwart zum Jesusbild unseres Jahrhunderts. (Beispiele etwa aus Beckett, Saint-Exupéry, Dürrenmatt, Celan, Benn, Brecht, Hesse, Sölle, Marti). 3. Schritt = 2. Schritt gemäss Lektionsvorschlag.

(3) Wenn der Leiter Gelegenheit zu einer Auswertung des Seminars geben möchte, kann dies anstelle des im Lektionsvorschlag vorgesehenen 3. Schrittes geschehen. Möglichkeiten: (1) Wandzeitung mit Rubriken zum Aufschreiben der Eindrücke, die sich sowohl mit der Heimarbeit wie den Seminarabenden verbinden. Die Voten werden durch Einzel- oder Partnerarbeit im Plenum ermittelt und aufgeschrieben. Besprechung ausgewählter sachlicher Schwerpunkte im Plenum (s. AT 15 - II 2). (2) Austeilen von Fragebogen zur schriftlichen Ermittlung der Ergebnisse (Bitte um Rücksendung innerhalb eines festgesetzten Termins). Ein einfacher Frageraster (vervielfältigtes Blatt!) wird in Kleingruppen vorbesprochen, deren Ergebnisse hernach ins Plenum eingebracht werden.

Methodische Hinweise

Auswertung/Evaluation: Es gibt verschiedene Methoden, dieses Ziel zu erreichen. Eine Wandzeitung weist mehrfache Vorteile auf: Die Teilnehmer können sich im Raum bewegen und ihre Eindrücke anschreiben bzw. die Beiträge der andern reflektieren und diskutieren. Da diese visuell vor Augen stehen, können sie, z.B. durch Klebepunkte, von den Teilnehmern zusätzlich bewertet werden. Die Arbeit mit einem Frageraster bzw. einem ausführlichen Fragebogen ermöglicht dagegen eine differenziertere Verarbeitung der Ergebnisse. (Beispiele für Fragerichtungen: 1 Welche Erfahrungen haben Sie im Selbststudium mit dem Begleitmaterial gemacht; was hat sich bewährt/nicht bewährt? 2 Wie haben Sie die Gestaltung der Seminarabende empfunden: die Informationen durch den Leiter; das Arbeiten in Gruppen; was war hilfreich/mühsam? 3 Was hat Ihnen das Seminar hinsichtlich Gemeinschaft gebracht? Inwiefern sind Ihre Erwartungen nicht erfüllt worden? 4 Wie beurteilen Sie im ganzen den Versuch des Bibelseminars: Vorzüge/Mängel?). Allgemeiner Ratschlag: Es ist von grossem Vorteil, im Lauf einer Veranstaltung immer wieder Evaluationsphasen einzuschalten (oft genügen 10 Minuten!), um so mit dem kritisch mitdenkenden Teilnehmer im Kontakt zu bleiben.

Zum Thema BIBEL machen wir Sie auf folgende Publikationen aus dem Theologischen Verlag Zürich und dem Verlag der Zürcher Bibel aufmerksam:

BIBEL - TEXT

Zürcher Bibel	Einspaltig mit Verweisstellen und Anhang ohne Apokryphen, Efalin-Einband blau oder rot
	Gleiche Ausgabe mit Apokryphen, Leder rot, Goldschnitt
	Grossoktav zweispaltig mit Apokryphen Skivertex rot oder blau Rexine-Leder, Goldschnitt, schwarz oder grün Saffian-Leder, Goldschnitt, schwarz
	Schulbibel, zweispaltig ohne Apokryphen Einband Fabroleen, grün, rot, blau oder schwarz
	Haus- oder Kanzelbibel, Grossdruck Zweispaltig, mit Apokryphen Skinluxleder dunkelrot oder schwarz Saffianleder, braun
	Altes Testament mit Apokryphen Skivertex blau
	Das Neue Testament und die Psalmen zweispaltig, 7,3 x 10,5 cm Balacron rot oder schwarz Saffianleder mit Schutzklappen, Goldschnitt
	Das Neue Testament und die Psalmen einspaltig, 8,7 x 13,5 cm Balacron rot oder blau Leder rot oder schwarz, Kopfgoldschnitt
Zürcher Bibelkonkordanz	Das vollständige Wort-, Namen- und Zahlenverzeichnis zur Zürcher Bibel, einschliesslich der Apokryphen, 3 Bände, 2436 Seiten, gebunden
Hans Heinrich Schmid	Kleine Bibelkunde Eine leichtfassliche, grundlegende und knappe Einführung in die Bibel.
Felix Hoffmann	Bilderbibel Ungemein sicher, kraftvoll, straff und kühn sind die 100 Lithographien Hoffmanns
Felix Hoffmann	Weihnachten Die schlicht, aber eindringlich gestaltete Weihnachtsgeschichte
Hans Weder	Die Rede der Reden Eine Auslegung der Bergpredigt heute 254 Seiten, gebunden, 2. Auflage 1987

Zürcher Bibelkommentare

Die «Zürcher Bibelkommentare» gibt es seit 1960. Die Reihe ist die Fortführung der 1942 gegründeten Kommentarreihe «Prophezey». Sie wird herausgegeben von den Professoren Hans Heinrich Schmid und Siegfried Schulz.

Die Reihe kann nach dem Alten und dem Neuen Testament getrennt subskribiert werden. Die Einsparung beträgt rund 10%. Jährlich erscheinen in der Regel 1–2 Bände.

Die folgende Aufstellung zeigt nach Altem und Neuem Testament getrennt die Zusammenstellung der Kommentarreihe in der Reihenfolge der biblischen Bücher. Die lieferbaren Kommentare enthalten eine vollständige Bibliographie. Die in Bearbeitung befindlichen Kommentare nennen die Titel und teilweise deren Autoren.

«Gute Kommentare sollen helfen, die Bibel als Gottes Wort im Menschenwort recht zu verstehen. Die biblischen Bücher sollen als Quellen und Urkunden des Glaubens gelesen, gefragt, verstanden und liebgewonnen werden. Die «Zürcher Bibelkommentare» wollen ihren Lesern diesen Dienst tun und das gelingt ihnen gut. Sie können einen Personenkreis ansprechen, der weit gespannt ist: Vom Fachmann, der das Handwerk der Bibelauslegung auf der Universität gelernt hat, bis zum gebildeten Laien, der für sich selbst oder als Mitarbeiter in der Gemeinde Umgang mit der Bibel regelmässig pflegt.

Positiv zu vermerken ist, dass die Ausleger zwar ein enormes Fachwissen verarbeiten, andererseits aber dem Leser durch einfache Sprache entgegenkommen.

Die Kommentare bewähren sich, indem sie zeigen, wo und wie das Wort Gottes durch das menschliche zeitbedingte Wort von damals über den «garstigen, breiten Graben der Geschichte» heute zu uns kommt und uns anredet.»

Wilhelm Philippi, Pfarrer

Altes Testament

Walther Zimmerli
1. Mose 1–11/Urgeschichte
AT Band 1.1. 4. Aufl. 1984.
440 S., br., Fr. 30.–/DM 33.50
(Subs.-Preis Fr. 27.–/DM 30.–)
ISBN 3-290-14716-9

Walther Zimmerli
1. Mose 12–25/Abraham
AT Band 1.2. 1976
152 S., br., Fr. 20.–/DM 22.50
(Subs.-Preis Fr. 18.–/DM 20.–)
ISBN 3-290-14718-5

Hans Jochen Boecker
1. Mose 26–50/ Isaak, Jakob, Joseph
AT Band 1.3

Erich Zenger
Das zweite Buch Mose
AT Band 2

Das dritte Buch Mose
AT Band 3

Hans Jürgen Zobel
Das vierte Buch Mose
AT Band 4

Martin Rose
Das fünfte Buch Mose
AT Band 5

Das Buch Josua
AT Band 6

Albert de Pury
Das Buch der Richter
AT Band 7

Erich Zenger
Das Buch Ruth
AT Band 8. 1986.
128 S., br., Fr. 22.–/DM 24.50
(Subs.-Preis Fr. 20.–/DM 22.–)
ISBN 3-290-14740-1

Fritz Stolz
Das erste und zweite Buch Samuel
AT Band 9. 1981.
314 S., br., Fr. 33.50/DM 37.–
(Subs.-Preis Fr. 30.–/DM 33.50)
ISBN 3-290-14726-6

Das erste und zweite Buch der Könige
AT Band 10

Das erste und zweite Buch der Chronik
AT Band 11

Jürgen Christian Lebram
Die Bücher Esra und Nehemia
AT Band 12

Arndt Meinhold
Das Buch Esther
AT Band 13. 1983.
128 S., br., Fr. 18.–/DM 20.–
(Subs.-Preis Fr. 16.–/DM 18.–)
ISBN 3-290-14733-9

Franz Hesse
Hiob
AT Band 14. 1978.
220 S., br., Fr. 30.–/DM 33.50
(Subs.-Preis Fr. 27.–/DM 30.–)
ISBN 3-290-14720-7

Die Psalmen
AT Band 15

Arndt Meinhold
Die Sprüche
AT Band 16

Hans Peter Müller
Der Prediger
AT Band 17

Othmar Keel
Das Hohelied
AT Band 18. 1986.
268 S., br., Fr. 33.50/DM 37.–
(Subs.-Preis Fr. 30.–/DM 33.50)
ISBN 3-290-14739-8

Georg Fohrer
Das Buch Jesaja

1. Band Kapitel 1–23.
AT Band 19.1. 2. Aufl. 1967.
264 S., Pp., Fr. 22.–/DM 24.50
(Subs.-Preis Fr. 20.–/DM 22.–)
ISBN 3-290-14707-x

2. Band Kapitel 24–39.
AT Band 19.2. 2. Aufl. 1967.
206 S., Pp., Fr. 16.50/DM 18.50
(Subs.-Preis Fr. 15.–/DM 16.50)
ISBN 3-290-14708-8

3. Band Kapitel 40–66.
AT Band 19.3. 2. Aufl. 1986.
206 S., br., Fr. 33.50/DM 37.–
(Subs.-Preis Fr. 30.–/DM 33.50)
ISBN 3-290-14709-6

Günther Wanke
Jeremia
AT Band 20

Hans Jochen Boecker
Klagelieder
AT Band 21. 1985.
104 S., br., Fr. 22.–/DM 24.50
(Subs.-Preis Fr. 20.–/DM 22.–)
ISBN 3-290-14738-x

Robert Brunner
Ezechiel

1. Band Kapitel 1–24.
AT Band 22.1. 2. Aufl. 1969.
268 S., Pp., Fr. 25.50/DM 28.50
(Subs.-Preis Fr. 23.–/DM 25.50)
ISBN 3-290-14701-0

2. Band Kapitel 25–48.
AT Band 22. 2. 2. Aufl. 1969.
158 S., Pp., Fr. 18.50/DM 20.50
(Subs.-Preis Fr. 16.50/DM 18.50)
ISBN 3-290-14702-9

Jürgen Christian Lebram
Daniel
AT Band 23. 1984.
140 S., br., Fr. 22.–/DM 24.50
(Subs.-Preis Fr. 20.–/DM 22.–)
ISBN 3-290-14736-3

Siegfried Wagner
12 kleine Propheten 1. Band
Hos., Joel, Am., Ob., Jon., Mi.
AT Band 24.1/2.

Klaus Seybold
12 kleine Propheten 2. Band
Nah., Hab., Zeph.,
AT Band 24.3

12 kleine Propheten 3. Band
Hag., Sach., Mal.
AT Band 24.4

Neues Testament

Ulrich Luck
Das Evangelium nach Matthäus
NT Band 1

Klaus Berger
Das Evangelium nach Lukas
NT Band 2

Walter Schmithals
Das Evangelium nach Lukas
NT Band 3.1. 1980.
240 S., br., Fr. 33.50/DM 37.-
(Subs.-Preis Fr. 30.-/DM 33.50)
ISBN 3-290-14725-8

Helmut Köster
Das Evangelium nach Johannes
NT Band 4

Walter Schmithals
Die Apostelgeschichte des Lukas
NT Band 3.2. 1982.
248 S., br., Fr. 33.50/DM 37.-
(Subs.-Preis Fr. 30.-/DM 33.50)
ISBN 3-290-14731-2

Egon Brandenburger
Der Brief an die Römer
NT Band 5

August Strobel
Der erste Brief an die Korinther
NT Band 6.1

Hans Dieter Betz
Der zweite Brief an die Korinther
NT Band 6.2

Dieter Lührmann
Der Brief an die Galater
NT Band 7. 1978.
124 S., br., Fr. 20.-/DM 22.-
(Subs.-Preis Fr. 18.-/DM 20.-)
ISBN 3-290-14722-3

Andreas Lindemann
Der Epheserbrief
NT Band 8. 1985.
124 S., br., Fr. 22.-/DM 24.50
(Subs.-Preis Fr. 20.-/DM 22.-)
ISBN 3-290-14737-1

Gerhard Barth
Der Brief an die Philipper
NT Band 9. 1979.
88 S., br., Fr. 18.50/DM 20.50
(Subs.-Preis Fr. 16.50/DM 18.50)
ISBN 3-290-14723-1

Andreas Lindemann
Der Kolosserbrief
NT Band 10. 1983.
96 S., br., Fr. 18.-/DM 20.-
(Subs.-Preis Fr. 16.-/DM 18.-)
ISBN 3-290-14732-0

Willi Marxsen
Der erste Brief an die Thessalonicher
NT Band 11.1. 1979.
82 S., br., Fr. 20.-/DM 22.-
(Subs.-Preis Fr. 18.-/DM 20.-)
ISBN 3-290-14724-x

Willi Marxsen
Der zweite Thessalonicherbrief
NT Band 11.2. 1982.
118 S., br., Fr. 20.-/DM 22.-
(Subs.-Preis Fr. 18.-/DM 20.-)
ISBN 3-290-14729-0

Victor Hasler
Die Briefe an Timotheus und Titus
NT Band 12. 1978.
112 S., br., Fr. 18.-/DM 20.-
(Subs.-Preis Fr. 16.-/DM 18.-)
ISBN 3-290-14721-5

Alfred Suhl
Der Brief an Philemon
NT Band 13. 1981.
44 S., br., Fr. 13.-/DM 15.-
(Subs.-Preis Fr. 11.-/DM 13.-)
ISBN 3-290-14728-7

Otto Merk
Der Brief an die Hebräer
NT Band 14

Martin Rese
Der Brief des Jakobus, des Judas und der zweite Brief des Petrus
NT Band 16

Eduard Schweizer
Der erste Petrusbrief
NT Band 15. 3. Aufl. 1972.
116 S., Pp., Fr. 22.-/DM 24.50
(Subs.-Preis Fr. 20.-/DM 22.-)
ISBN 3-290-14717-7

Gerd Schunack
Die Briefe des Johannes
NT Band 17. 1982.
128 S., br., Fr. 20.-/DM 22.-
(Subs.-Preis Fr. 18.-/DM 20.-)
ISBN 3-290-14730-4

Jürgen Roloff
Die Offenbarung des Johannes
NT Band 18. 2. Aufl. 1987.
216 S., br., Fr. 30.-/DM 33.50
(Subs.-Preis Fr. 27.-/DM 30.-)
ISBN 3-290-14735-5

Zürcher Grundrisse zur Bibel

Zürcher Werkkommentare zur Bibel

Diese beiden Reihen werden herausgegeben von den Professoren Hans Heinrich Schmid und Siegfried Schulz. Die Reihen werden nicht in Subskription geführt.

Die Zürcher Grundrisse zur Bibel führen ein in grundlegende Probleme im Zusammenhang mit der Auslegung biblischer Texte (Einführungen und Gesamtdarstellungen).

Die Zürcher Werkkommentare zur Bibel befassen sich mit Quellenschriften (Vorstadien der kanonischen Bücher), z. B. zur Priesterschrift, zu den Vorpaulinischen Texten etc.

Es liegen vor:

Dieter Lührmann: **Die Auslegung des Neuen Testaments**
Zürcher Grundrisse zur Bibel. 2. Aufl. 1987,
124 S., geb., Fr. 28.-/DM 32.- ISBN 3-290-11554-2

Siegfried Schulz: **Neutestamentliche Ethik**
Zürcher Grundrisse zur Bibel. 1987. 682 S.
Geb. Fr. 82.-/DM 98.- ISBN 3-290-11582-8
Br. Fr. 56.-/DM 67.- ISBN 3-290-11584-4

Hans Weder: **Neutestamentliche Hermeneutik**
Zürcher Grundrisse zur Bibel. 1986. 452 S.
Geb. Fr. 68.-/DM 82.- ISBN 3-290-11631-x
Br. Fr. 36.-/DM 43.- ISBN 3-290-11632-8

Walter Schmidthals: **Die Briefe des Paulus in ihrer ursprünglichen Form**
Zürcher Werkkommentare zur Bibel. 1984.
192 S., geb., Fr. 45.-/DM 49.- ISBN 3-290-11553-4

Bibelseminar für die Gemeinde

In 2 x 15 Lektionen durch die ganze Bibel.

Das «Zürcher Bibelseminar» – erprobtes Material erfolgreich in vielen Kirchgemeinden eingesetzt.

Teilnehmerheft – das Arbeitsbuch für den Kursteilnehmer.
198 S., br., Fr./DM 19.50 ISBN 3-290-11500-3
1. Aufl. 1982 / 9. Aufl. 1987 25.-30. Tausend

Leiterheft – mit Gestaltungsvorschlägen, verfasst von Theophil Vogt. 126 S., br., Fr./DM 19.50 ISBN 3-290-11499-6
1. Aufl. 1982 / 6. Aufl. 1987 6.-8. Tausend

Materialheft – mit theologischen Informationen, herausgegeben von Gerhard Iber und Theophil Vogt. 248 S., Fr./DM 26.-
ISBN 3-290-11568-2
1. Aufl. 1985 / 2. Aufl. 1988 3.-5. Tausend